KB235540

Light from the East
A Gathering of Asian Wisdom

한 권으로 읽는 동양철학

초판인쇄 · 2011. 12. 27.
초판발행 · 2012. 1. 5.
지은이 · 프랭크 맥호벡
펴낸이 · 김광우
편집 · 김연정
디자인 · 이은하
영업 · 권순민, 이은경, 허진선
펴낸곳 · 知와 사랑

서울시 영등포구 당산동 3가 558-3 더파크365빌딩 908호
전화 (02)335-2964
팩시밀리 (02)335-2965
등록번호 제10-1708호
등록일 1999. 6. 15.
ISBN 978-89-89007-54-8
값 13,500원
www.jiwasarang.co.kr

한 권으로 읽는 동양철학

프랭크 맥호벡 지음   김규태 옮김

知와 사랑

| 일러두기 |

1. 본문에서 편집자/역자의 각주는 *, ** 약물로 구분해 표기하였습니다.

2. 제4장 『도덕경』의 각 장을 해설하는 부분에서 이 책의 원서 『Light From The East』에는 없는 한자 원문을 보충하였습니다.

책을 펼쳐놓고 홀로 앉아
보이지 않는 사람들과 비밀스러운 대화를 나누는 기쁨은
그 어떤 것과도 비교할 수 없다.

— 요시다 겐코[吉田兼好]

* 일본 중세시대 승려이자 문학가.

이 책은 한국전쟁에서 자신이 맞서 싸워야 할 적을 이해하고 싶었던 한 해병대원으로부터 시작되었다. 적군은 그 해병대원과 비슷한 또래의 중공군이나 북조선 군인으로 불교신자였을 것이다. 훗날 그는 학업에 전념하면서 동양의 영적인 빛과 관련된 풍부한 자료를 찾아냈다. 그리고 50년 동안 동양철학에 관한 책을 읽고 서양철학과 비교하면서 연구했다. 심리학 분야의 학사, 석사, 박사 학위를 받는 동안 동방의 빛 즉 아시아의 지혜가 지닌 심오한 가치를 깊이 이해하게 되었다. 그는 30년 동안 정신건강치료소와 병원, 개인상담소에서 일하면서 아시아의 지혜를 적용하여 많은 사람들이 삶의 의미를 찾을 수 있도록 도와주었다.

이전 모든 역사가 그래왔지만 오늘날에도 종교와 철학의 차이를 둘러싼 전쟁은 계속되고 있다. 9·11테러를 포함해 종교의 극단주의자들이 저지른 많은 테러들은 가장 최근의 사례일 뿐이다. 유엔과 종교가 코즈모폴리터니즘cosmopolitanism[*]을 주창하지만, 전 세계적으로 증오와 폭력이 계속 분출되고 있다. 카슈미르에서는 힌두교도와 이슬람교도, 북아일랜드에서는 가톨릭교도와 개신교도, 코소보에서는 기독교도와 이슬람교도, 예루살렘에서는 이슬람교도와 유대교도들이 맞서고 있다. 한 나라의 자유투사freedom fighter[**]가 다른 나라에서는 순교자이자 영웅이 되고 있다. 하나의 문화나 종교가 세계를 지배할 수 있다고 기대하는 건 비현실적이다.

사람들은 이런 전쟁이 계속될까 봐 두려워한다. 미국은 혁명전쟁을 치른 뒤에 세

---

[*] 인류 전체를 하나의 세계 시민으로 보는 입장.
[**] 반 정부 무장투쟁을 하는 사람.

워진 국가다. 인류는 자유를 지키기 위해 전쟁에서 싸웠다. 십자군전쟁에서는 기독교와 이슬람교가 양측 모두 신성하게 여긴 성지를 두고 수백 년 동안 맞붙었다.

영국의 소설가이자 시인인 러디어드 키플링Joseph Rudyard Kipling은 『동양과 서양의 노래』(1889)에서 "동양은 동양이고 서양은 서양이다. 이 둘은 결코 만나지 못할 것이다"라고 했다. 유명한 구절이지만, 그가 추가한 다음 부분이 누락되었다.

"하지만 거기에는 동양도 서양도, 국경도, 인종도, 신분도 없다/지구의 양쪽 끝에서 온/두 강자가 대면하고 설 때는!"

그 고결한 원칙이 바로 안타깝게도 세상이 잃어왔고 계속 잃어가고 있는 것이다. 아시아의 지혜는 세상이 다시 찾아주기만을 기다리고 있다. 모쪼록 아시아의 지혜를 적용하길 바란다.

동양철학은 서양철학보다 훨씬 오래되었다. 동양철학의 가르침은 문자체계가 고안되기 전부터 구전되었다. 그러나 불교나 도교의 이름으로 벌어진 전쟁은 없었다. 이런 인상적인 전력으로 봤을 때, 동양철학을 더욱 면밀하게 연구하여 현재의 문제들에 적용하는 건 의미 있을 것이다.

동양철학은 인격형성 면에서 뛰어나다. 동양철학의 가르침은 대부분 어느 종교에도 반박하거나 참견하지 않는다. 요가수행, 붓다의 성스러운 진리인 사제四諦와 팔정도八正道에 대한 연구, 선불교의 화두에 대한 성찰 모두 특정 종교와는 관계가 없다. 실제로 무신론자도 불교신자나 요가수행자, 또는 선사가 될 수 있다. 이 책에서 설명하는 아시아의 철학은 오늘날 유효한 심리학의 개념으로 간주되는 것을 대다수의 세계적인 종교보다 많이 가지고 있다.

『한 권으로 읽는 동양철학』은 50년 동안의 사고와 연구가 정점을 이뤄 결실을 맺은 책이다. 동양의 감각으로 반세기의 세월은 인생의 위대한 교훈을 얻기 위한 서문에 불과하다. 전쟁에 투입된 한 해병대원이 지혜가 부족하여 삶에 힘들어하는 사람들의 마음에 평화를 가져다주는 심리학자가 되었다. 이 책은 아시아의 지혜에서 얻고 배운 것을 반영하는 거울이다. 주의 깊은 연구에도 불구하고 이 책은 학자들의 비판을 야기할 수도 있다. 비판이 바로 학자들의 몫이기 때문이다. 독자는 고대 문서의 원본이 없고 사본의 사본만이 존재한다는 점을 알았으면 한다. 수천 년 전에 무엇이 말해지고 쓰였는지 또 그것이 현대의 언어로 어떻게 번역되는지 정확하게 알기란 불가능하다. 학자와 비평가는 고대 문서를 병합하거나 세분화하고 단순화하거나 복잡하게 만든다. 나는 방법보다는 의미를, 부분보다는 전체를 보려고 노력하는 길을 선택했다.

독자가 이 책을 읽으면서 아시아의 지혜를 획득하기 바란다. 책을 읽으면 알게되겠지만, 아시아의 지혜는 다면적이다. 그리고 훌륭한 다이아몬드와 마찬가지로 각 단면이나 광원이 똑같이 순수한 빛을 발한다. 첫 번째 빛의 원천은 붓다의 가르침, 그의 사제와 팔정도이다. 그다음이 선불교, 노자의 『도덕경』, 『주역』, 요가의 지혜다. 중국에서는 공자의 『논어』와 태극, 승려 곽암의 십우도가 각각 빛을 발한다. 일본에는 신도, 미야모토 무사시의 『오륜서』(1645), 일본 고유의 시 하이쿠가 있다. 마지막으로 『티베트 사자의 서』가 아시아의 지혜라는 다면적 다이아몬드를 완성시

킨다. 이 책은 아시아의 지혜를 더욱 온전히 경험하기 위해 명상의 인식을 발달시키
는 방법을 제안하면서 끝맺는다.

이 책의 목표는 아시아의 지혜를 편견 없이 제시하는 것이다. 독자를 설득하려는
것이 아니라 지혜가 절로 빛을 발하게 하려고 했다. 나는 한 발 물러나 순수하고 자
연스러운 지혜를 왜곡하지 않으려고 모든 노력을 기울였다. 본래의 의도에 가장 가
까운 것을 판별하기 위한 노력의 일환으로, 구할 수 있는 모든 판형의 고대 문서를
활용했다. 이 책을 읽고 나면 독자는 동양철학과 종교가 얼마나 유사한지 알게 되고
동양에는 실제로 하나의 빛이 존재한다는 사실을 알게 될 것이다.

이 책을 훌륭하게 편집하고 뛰어난 의견을 제안해준 엘리자베스 플로이드, 표지
디자인을 해준 린다 로넌, 이 책이 세상에 그 모습을 드러낼 수 있도록 노력해준 피
터 굿맨에게 감사를 표한다. 이 책에 쓰인 전설과 내러티브는 여러 세대에 걸쳐 전
해지면서 출처를 알 수 없게 되었다. 전설과 내러티브 상당수는 스리랑카의 불교출
판물협회의 출판물을 바탕으로 했다. 이 출판물들은 저자가 번역한 고대 문서와 함
께 동방의 빛이자, 아시아인이 깨달음이라고 하는 고상한 의식을 향해 세계인을 인
도하는 빛으로 인정받을 가치가 있다고 생각한다.

프랭크 맥호벡Frank MacHovec

1장
동방의 빛

진리는 하나지만 현자들은

갖가지 명칭으로 진리를 드러낸다.

—『리그 베다Rig Veda』*(기원전 10세기)

* 인도에서 가장 오래된 종교 문헌.

진리와 지혜의 글이나 말은 표현 방법과는 상관없이 그 자체로 완결성을 지닌다. 그것은 시간, 언어, 문화를 초월한다. 우리에게 중요하게 받아들여지는 성서와 철학서는 도덕적 면에서 유사한 통찰과 지혜를 제시하며 출처와는 상관없이 영감을 불러일으킨다. 그렇지만 동서양에서 영적 진리에 접근하는 방법은 예로부터 차이가 있었다.

동양과 서양의 차이

서양은 사회적이며 집단 중심적이다. 다함께 찬송가를 부르고 기도하며 종교의식을 행하고 설교에 귀를 기울이는 등 집단으로 행동하는 것을 매개로 도덕을 고양시켰다. 반면 동양은 개인 중심적이었다. 명상하고 정신을 집중하는 데 중점을 두어 통찰력을 기르고 인격을 고양했다. 동양의 방법은 정신적이지만 사회에 대한 책임감이 부족하다는 비판을 받는 반면 서양의 방법은 지나치게 물질적이며 깊이가 부족하다는 비판을 받는다. 다음은 동서양의 방법을 비교한 것이다.

동양　서양

느림　빠름

조용함　소리를 냄

사색적　반응적

수동적　능동적

내향적　외향적

직감에 따름　사실에 의거

보존적　소비적

　어느 쪽이 더 나은가? 서양인은 "한번 겨뤄보지!"라고 하겠지만, 동양인은 "둘 다 아니다" 혹은 "그것을 아는 게 왜 중요한가?"라고 할 것이다. 인류가 역사에서 지금까지 경험해온 모든 것을 참고하여 결론짓는다면 "둘 다 아니면서 둘 다 맞다"가 타당한 답이 될 것이다. 과학이 진리를 실험하고 다듬은 결과 종교와 영성은 한 단계 더 업그레이드될 수 있었다. 그렇게 되자 종교와 영성이 윤리의 기준이 되어 거꾸로 과학의 질을 높일 수 있었고, 그 결과 과학은 인간의 품위를 손상시키기는커녕 고귀한 위치에 올려놓았다.

　서양인이 대담하게 지구 구석구석과 우주를 탐험할 때, 동양인은 한곳에 머물면서 내면의 세계를 탐험했다. 서양을 상징하는 대표적인 사람이 우주비행사라면 동양을 상징하는 대표적인 사람은 명상가일 것이다. 자동차에 탄 채 주문하는 패스트푸드점은 서양인의 조급증을 상징하는 데 반해 느긋하게 즐기는 일본의 다도는 동양인의 여유 있는 명상을 상징한다. 서양인은 강물을 거스르지만 동양인은 강물의 흐름을 받아들인다.

　오늘날 동서양의 문화 및 과학기술에 대한 교류가 빈번해지고 왕래가 잦

아지면서 동서양은 서로 많은 부분을 공유하고 있다. 동양 곳곳에 서양에서 건너온 패스트푸드 체인점과 패션 아울렛이 들어섰고 서양 곳곳에 동양에서 건너온 요가, 태극권, 동양 식당이 활기를 띠고 있으며 일본산, 한국산 자동차들이 거리를 질주하고 있다.

독일의 신학자이자 철학자인 폴 틸리히Paul Tillich는 서양 종교에 비판적 태도를 취했다. 1958년 6월 틸리히는 『새터데이 이브닝 포스트Saturday Evening Post』에 기고한 「종교의 잃어버린 경지The Lost Dimension in Religion」라는 글에서 "서양의 종교는 더 이상 종교가 아니며 그렇게 된 것은 그 종교 자체에 원인이 있다"고 비판했다. 그는 "서양의 종교가 위대한 상징들을 상징으로 받아들이지 못하고 성서에 기록된 이야기를 문자 그대로 받아들이면서 싸움에서 이미 패배했다"고 설명했다.

축자주의literalist approach*는 서양의 종교인에게서 쉽게 발견된다. 축자주의자들은 갈등을 양산하고 무수히 많은 변형된 교파들을 형성했다. 각 교파들은 자신만이 가장 순수한 영적 진리를 가졌다고 믿는다. 하지만 동양의 종교는 이와 매우 다르다. 동양의 종교는 개인의 성장을 중시하므로 언뜻 보기에 관념적이고 신비롭게 보일 것이다.

1925년 영국의 철학자 화이트헤드Whitehead는 저서 『과학과 근대 세계 Science and the Modern World』(1926)에서 "기독교는 항상 형이상학을 갈구하는 종교다. 불교는 종교를 만들어내는 형이상학이다. 불교는 응용형이상학의 역사에서 가장 정통적인 사례다"라고 했다. 스위스의 정신과 의사로 정신분석학에서 인간학적 방법을 제창한 루트비히 빈스방거, 캐나다의 진보적인 정신과

---

* 원문의 글자 하나하나를 좇아 그대로 해석하는 방식.

의사 리처드 모리스 벅, 독일 태생의 유대계 사회심리학자 에리히 프롬, 미국의 심리학자 대니얼 골맨, 스위스의 정신의학자 칼 구스타프 융, 미국의 심리학자이자 철학자 에이브러햄 매슬로, 미국의 의학자 윌리엄 페리 머피, 캘리포니아 대학의 심리학과 교수 로버트 이반 온스타인과 찰스 타트, 독일 태생의 정신신경과 의사 프레더릭 솔로몬 펄스 등 서양의 대표적인 인성 이론가들은 동양철학에서 많은 영향을 받았다.

오리엔테이션orientation

오리엔테이션은 '방향', '지향' 등 의미가 다양한 단어다. 이 단어는 새로운 직장이나 일에 적응하거나 새롭게 생각을 조율할 때도 사용된다. 또 지도나 건물 등 어떤 장소에서 자신이 어디에 있는지 나타낼 때도 사용된다. 고대에 오리엔트the Orient는 지중해의 동쪽에 있는 땅과 사람을 가리키는 말이었다. 이 책의 중심은 동양의 사상이며 이 책을 읽음으로써 독자는 동양의 사고를 지향하게 될 것이다.

다의성과 숨은 뜻은 신비주의 사상의 일부분이며 동양의 종교와 철학에서는 매우 중요한 부분을 차지한다. 붓다는 진리를 가부좌를 틀고 아름다운 꽃을 머리 위로 높이 들어올리는 것으로 정의했으며, 또 다른 전설에서는 다이아몬드를 예로 들어 설명했다. 진리는 다이아몬드처럼 빛의 강도와 방향 그리고 보는 사람의 위치에 따라 조금씩 다르게 보이지만 모든 방향으로 빛을 발한다. 절대 진리는 모든 측면을 아우르는 완전체로서의 다이아몬드일 것이다. 붓다의 말은 진리이며 모두 감각의 경험을 강조한다. 그러나 하나의 답

변을 완전한 진리로 제시한 적은 없다. 이 책은 이러한 동양의 접근방법에서 알 수 있는 아시아의 지혜로 진리의 한 측면을 보여주고자 한다.

깨달음

빛은 자연의 현상이다. 햇빛도 있고 달빛도 있다. 불을 피우고 불을 언제 어떻게 사용해야 하는지를 배운 건 인류 역사의 큰 진보였다. 빛은 지식과 지혜의 상징이기도 하며 유대교와 기독교 경전에서도 종종 언급된다. 하느님이 세상을 창조할 때 "빛이 생겨라!"(「창세기」 1:2) 하고 명령했다. 신비주의 사상에서 빛은 영적 깨달음을 나타낸다. 「시편」의 저자는 "당신의 말씀은 내 발에 등불이요, 나의 길에 빛이옵니다"(「시편」 119:105)라고 했다. 예수는 말했다.

나는 세상의 빛이다. 나를 따라오는 사람은 어둠 속을 걷지 않고 생명의 빛을 얻을 것이다.(「요한복음」 8:12)

사도 바울도 말했다.

밤이 거의 새어 낮이 가까웠습니다. 그러니 어둠의 행실을 벗어버리고 빛의 갑옷을 입읍시다.(「로마서」 13:12)

예수는 제자들에게 말했다.

너희도 이와 같이 너희의 빛을 사람들 앞에 비추어 그들이 너희의 착한 행실을 보고 하늘에 계신 아버지를 찬양하게 하여라.(「마태복음」 5:16)

고대의 다른 문명국가 사람들도 진리와 지혜를 상징하는 데 빛을 사용했다. 이집트인은 최고의 신은 태양에서 왔거나 태양 그 자체라고 믿었다. 페르시아의 조로아스터교 경전 『젠드아베스타Zend-Avesta』는 선과 악의 힘을 빛과 어둠의 힘으로 설명한다. 여기서 선을 선택한 스펜타 마이뉴spentas mainyu는 빛의 힘을 이끌었고 악을 선택한 아흐리만ahriman은 어둠의 힘을 이끌었다. 유대인 공동체 가운데 사해문서*를 작성했다고 여겨지는 에세네파Essenes도 빛과 어둠의 힘을 언급했다. 소크라테스는 아테네에서 재판받을 때 내면의 빛이 자신을 인도했다고 말했다. 붓다는 인생의 목표가 깨달음을 얻는 것이었다고 했으며, 그의 제자들은 그를 '깨달음을 얻은 자'라 불렀다. 선불교 승려들은 사토리satori(悟り, 覚り)를 추구했는데 사토리는 번쩍이는 통찰의 빛을 뜻한다.

세계적으로 널리 알려진 종교 가운데 영적 빛을 더욱더 갈구하는 신도 집단이 있다. 영지주의 크리스천Gnostic Christians, 하시디즘 유대인Hassidic Jews, 이슬람교의 수피교도Sufi Muslims와 힌두교의 요가수행자yogic Hindus, 선불교도Zen Buddhists 등이 대표적이다. 이들은 영적 경험을 고무하고 상위의식에 이르기 위해 의식을 행하기도 하지만, 영적 깨달음을 집단적 경험보다는 개인적 경험으로 본다. 이들에게 영적 진리는 의식儀式, 가르침, 경전읽기 그 이상이다. 비록 이러한 활동이 더 깊은 뜻을 깨닫게 하지만 말이다. 숨겨진 진

---

* 사해 서안의 쿰란 동굴에서 발견한 구약성서 사본 및 유대교 문서.

리는 표면적인 경전과 인간의 상호작용 이면에서 발견된다. 영국의 시인 딜런 토머스Dylan Thomas는 이를 "해가 비치지 아니하는 곳에 빛은 터지고"라고 묘사했다. 선불교도들은 이를 "제3의 눈으로 보고 제3의 귀로 듣는다"고 설명한다. 신비한 빛은 구하는 것이지 가르침이나 관념이 아니다. 배우는 것이 아니라 노력해서 획득하는 것이다.

신비주의Mysticism

신비주의는 사람을 사람의 의식 또는 힘을 초월한 존재, 즉 신과 직접 연결시키려고 한다. 모세는 말했다.

> 그것은 너희와 아주 가까운 곳에 있다. 너희 입에 있고 너희 마음에 있어서 하려고만 하면 언제든지 할 수 있는 것이다.(「신명기」 30:14)

신비주의의 궁극적 목표는 신비로운 화합, 신비로운 유대관계, 우주의 의식 등 다양하게 표현되는데 요가도 산스크리트어로 "자신을 우주와 결합한다"라는 의미를 담고 있다.

1963년 인터뷰에서 한 기자가 미국의 대중가수 프랭크 시나트라Frank Sinatra에게 종교관에 대해 묻자 그는 "종교는 중개자 없이 사람과 신만이 함께한다는 믿음에 기초하는 매우 사적인 감정입니다"라고 답했다. 프랑스의 철학자 앙리 베르그송Henri Bergson은 저서 『역동적인 종교*Dynamic Religion*』(1932)에서 다음과 같이 밝혔다.

종교란 신비주의가 영혼에 뜨거운 것을 부어놓은 것을 과학이 식혀 만들어 낸 결정체다.

불행하게도 이런 신비로운 유대관계를 인식하기란 쉽지 않다. 그렇기 때문에 세상에 많은 종교가 존재하는지 모른다. 인도 민족해방운동의 지도자 마하트마 간디Mahatma Gandhi는 주간지 『청년 인도Young India』(1921)에 이렇게 적었다.

신은 매일 모습을 드러내지만 우리가 귀를 틀어막고 신의 고요한 작은 목소리를 들으려고 하지 않는다.

지금부터 약 2500년 전, 고대 그리스의 철학자 헤라클레이토스는 말했다.

델포이의 신탁을 통해 말하는 신은 그 의미를 드러내지도 감추지도 않는다. 다만 암시를 줄 뿐이다.

이렇게 신과의 관계가 취약하다보니 우리는 신의 뜻을 종종 잘못 이해하게 된다.

안타깝게도 종교사와 세계사는 이성과 이해보다는 추측과 편협한 정설에 초점이 맞춰져 있다. 그 때문에 수많은 종교전쟁과 박해, 고통이 뒤따랐다. 선교사들은 자신들의 종교보다 훨씬 더 오래된 기존 종교 체계를 무너뜨리려고 노력한다. 자신들의 종교만이 유일한 진리의 원천이라고 믿기 때문이다.

감리교의 창시자 존 웨슬리John Wesley는 흥미로운 말을 남겼다.

나의 믿음이 다른 사람들에게 원칙이 되는 건 아니다.

붓다는 설법할 때 이렇게 하라고 제자들에게 주문했다.

이것이 바로 우리의 믿음입니다. 여러분이 이것을 믿든 안 믿든 여러분에게 평화가 함께하길 빕니다.

이 책은 이러한 가르침을 전제로 하고 있다. 자신에게 소중하다고 생각되는 가르침을 취하라. 이 책은 타인과 진리에 대한 사랑을 추구한다. 활활 타버리는 열기가 아니라 깨달음으로 인도하는 밝은 빛을 제시할 것이다.

2장

붓다의 진심 어린 가르침

붓다는 많은 나라에서 다양한 언어로 아시아의 빛을 전했다.

강력하면서도 자비로운 그 빛은 지금까지도 아름답게 빛나며

이 세상을 밝히고 있다.

—에드윈 아놀드Edwin Arnold*, 『아시아의 빛*Light of Asia*』(1892)

* 영국의 시인(1832~1904).

고타마 싯다르타

　고타마 싯다르타는 처음에 석가모니Sakyamuni(석가족Sakyas 출신의 현인이라는 뜻)로 알려지다가 나중에 '깨달은 사람'이란 뜻의 붓다Buddha로 불리었다. 싯다르타는 기원전 563년경 네팔과 인도 동북부의 국경지대인 베나레스에 인접한 가비라위에서 태어났다. 무사계급이었던 석가족의 성주로서 부와 권력을 자랑하던 정반왕淨飯王*의 아들이었다. 그에 관한 이야기는 많으나 대부분 증명할 수 없다.

　전하는 바로는 어느 성자가 정반왕에게 아들이 위대한 지도자가 될 것이

---

* '슈도다나suddhodana'의 한자식 이름.

라고 예언했다고 한다. 이 말을 듣고 왕은 매우 기뻐했지만, 곧 군사적 지도자가 아닌 영적 지도자라는 사실을 알게 되었다. 그는 영적 삶이 현실과 너무나 동떨어져 있으며 가문에 아무 도움도 되지 않는다고 생각하여 어린 아들이 영적 생각에 빠지지 않도록 철저하게 보호하기 시작했다.

세월이 흘러 싯다르타는 아버지가 원하는 대로 콜리성의 공주 야쇼다라와 결혼하여 아들 나후라를 낳았다. 그는 호화롭고 특권을 누리는 삶에도 불구하고 행복하지 않았다. 영적으로 예민했던 그는 좀 더 크고 심오한 문제들에 대해 깊이 생각했다. 그는 29세에 매우 늙은 노인, 매우 아픈 병자, 이제 막 죽은 사람을 우연히 보게 되었다. 그리고 삶이란 늙고 병들어 결국 죽음에 이르는 것이란 사실을 깨닫고 삶이 의미가 무엇인지 혼란스러워졌다. 그 후 한 힌두교 성자를 만났는데, 그는 늙고 가난했지만 평온하고 행복해 보였다. 깊은 감명을 받은 싯다르타는 가족과 풍요로운 삶을 버리고 고행의 길을 가기로 결심했다. 사람들은 이 사건을 '위대한 포기Great Renunciation'라고 부른다.

싯다르타는 삶의 의미를 찾아 수년간 세상을 떠돌았다. 금욕생활을 하며 브라만 스승들에게 힌두교에 관한 가르침을 받았다. 죽을 정도로 금식을 하고 극단적 빈곤을 경험하는 등 이전에 누렸던 풍요로운 삶과는 완전히 상반된 삶을 살았지만 삶의 의미에 대한 해답을 찾지 못했다. 그러던 어느 날 그는 비하르 주 가야 마을에서 보리수 아래 앉아 수행하던 중 큰 깨달음Great Enlightenment을 얻었다. 삶은 성스러운 네 가지 진리[四諦]를 바탕으로 하고 있으며 그중 두 가지는 고통, 나머지 두 가지는 구원과 관련이 있다는 깨달음이었다. 바로 그 순간 그는 붓다가 되었다.

깨달음으로 가는 길

그리하여 업보로 인한 윤회의 고리를 끊을 수 있는 깨달음(열반涅槃, nirvana)으로 가는 길, 즉 붓다의 가르침이 시작되었다. 붓다는 베나레스의 녹야원에서 가르치기 시작했다. 다섯 명의 승려가 곧바로 제자가 되기를 자청했고, 갠지스 강 골짜기에서 그들도 스승과 함께 가르치기 시작했다. 불교는 중도中道로 불리었으며, 혜능慧能(638~713)의 설법을 기록한 『육조단경六祖壇經』을 보면 붓다는 자신의 가르침을 '진심 어린 가르침'이라고 일컬었다. 그는 원하기만 하면 누구든 언제라도 영적 진리를 탐구할 수 있다고 했다.

오른쪽이든 왼쪽이든 어느 방향으로 가도 목적지에 도달할 수 있다. 모든 길은 위로 향하고 있으며, 어느 곳에서든 시작할 수 있다.

붓다의 가르침은 대부분 오늘날에도 적용되며 현대의 심리학 이론과 상당 부분 일치한다. 그는 인간의 감각과 지각을 십이처설十二處說로 설명했다. 이는 여섯 인식기관[六根]*과 그에 대응하는 여섯 인식대상[六境]**에서 특히 법法이 인식, 사고의 기능을 갖는 의意와 밀접하게 관련되어 있다는 사상이다. 붓다는 눈은 보고 귀는 듣고 코는 냄새를 맡으며 혀는 맛을 느끼고 몸은 감촉을 느끼며 마음은 의식하고 형상화하는 기능을 담당한다고 설명했다.

붓다가 중도를 가르치던 시기에 이집트인은 인간의 뇌를 가래처럼 취급하여 폐기하고 인간의 육체로 미라를 만들었다. 소크라테스가 태어나기 백 년

---

* 육근六根 : 눈[眼], 귀[耳], 코[鼻], 혀[舌], 몸[身], 의지[意].
** 육경六境 : 색경色境, 성경聲境, 향경香境, 미경味境, 촉경觸境, 법경法境.

전에 그리고 예수의 산상설교*보다 오백 년이나 앞서 붓다는 오계五戒를 가르쳤다.

살생하지 마라, 거짓말하지 마라, 도둑질하지 마라, 음행하지 마라, 음주하지 마라.

불교는 하나의 종교인 동시에 인생철학 그리고 자기 발전을 위한 심리학적 체계라고도 할 수 있다. 불교에는 많은 종파들이 있다. 소승小乘불교는 미얀마, 스리랑카, 태국, 라오스, 캄보디아에 널리 전파되었는데 성불成佛(Buddhahood)**보다는 온갖 번뇌를 끊고 사제의 이치를 바로 깨달아 세인들의 존경을 받을 만한 공덕을 갖춘 성자가 되는 아라한arahantship의 경지에 도달하는 것을 중시한다. 반면 대승大乘불교는 베트남, 한국, 일본과 중국에 널리 전파되었으며 공空에 대한 통찰을 강조한다.

선종禪宗은 대승불교에 뿌리를 두고 있으며 훗날 일본에서 선불교로 불리었다. 인도, 네팔, 티베트에서 『탄트라』를 연구하는 밀교의 일파인 금강승金剛乘은 주술의식과 상징, 그리고 난해한 요가수행으로 깨달음에 도달할 수 있다고 가르쳤다.

이처럼 종파는 다양하더라도 그들의 수행방법은 각각의 특징을 지닌 불교도의 행위로 인정할 수 있다.

---

* 예수가 갈릴레아의 작은 산 위에서 제자들과 군중에게 행한 설교로 윤리적 행위에 대한 가르침이 나타나 있다.
** 부처가 됨, 보살이 궁극적인 깨달음의 경지를 실현하는 것.

붓다는 본래 힌두교 가정에서 태어나 성장했다. 따라서 그의 사상을 이해하기 위해서는 힌두교에 관해 알아야 한다. 기독교를 이해하기 위해서 예수의 유대교 배경을 알아야 하는 것과 같은 이치다. 힌두교는 인도의 주요 종교이자 세계에서 가장 오래된 종교 가운데 하나다. 『우파니샤드*Upanishads*』* 사상의 최고 원리 브라만을 신격화한 브라마Brahma는 힌두교의 창조신으로 '최고 자아Supreme Self'로 불리기도 한다. 창조신은 아트만Atman(자아) 혹은 파라마트만Paramatman(최고 자아) 등 다른 형태로도 나타나며, 아내는 지혜의 여신으로 지식과 학문, 교육을 비롯하여 생식과 번영을 주관하며 아름다움의 표상이기도 한 사라스와티Saraswati이다.

브라마는 창조신으로서의 자신과 우주의 정신인 비슈누Vishnu 그리고 파괴의 신이자 우주의 주인으로 열 개의 팔과 네 개의 얼굴을 한 시바Shiva와 하나가 되어 삼신일체Trimurti를 이룬다. 그리스도와 매우 유사한 크리슈나Krishna는 비슈누의 제8화신化身 또는 형상이다. 시바는 이중적인 성격을 지녔다. 그중 하나가 칼리Kali인데 칼리는 광포하고 잔인하며 살상과 피를 좋아하는 암흑의 여신으로 '칼리'란 말 자체에 '검다'라는 의미가 담겨 있다. 다른 하나는 파르바티Parvati인데 탄생, 생명, 모성의 여신이다. 삶을 이끌어가는 기본적인 힘인 창조, 번성, 파괴를 설명한 프로이트의 에로스와 타나토스 리비도 이론이 힌두교의 원형原型(Archetype)에서 발견된다. 원형이란 칼 융이 인간의 의식 속에 공통적으로 나타나는 요소들을 가리키기 위해 만든 용어이다.

---

* 고대 인도의 철학서.

힌두교의 삼신일체는 남성성과 여성성을 동시에 나타낸다. 힌두교의 옛 속담은 이런 성질을 '같은 새의 두 날개'라고 표현하기도 했다. 힌두교도의 '경전 중의 경전'으로 불리는 『바가바드 기타*Bhagavad-Gita*』 9장 17절의 내용은 다음과 같다.

나는 우주의 아버지이자 우주의 어머니다. 나는 만물의 창조자이다.

브라마의 여성성은 지혜의 여신 사라스와티이며 행운의 여신 락슈미Lakshmi는 비슈누의 배우자다. 여성성에 내재된 위대한 힘을 가진 이러한 신들은 남성과 여성의 모습을 지니지만 동시에 모두 브라마의 모습이다.

물론 천둥, 번개, 비, 눈에서 볼 수 있는 하늘의 신 인드라Indra, 불의 신 아그니Agni, 태양의 신 수리아Surya, 미지의 먼 나라 신 야마Yama 등 소소한 신들도 많다. 힌두교도들은 많은 신과 여신을 숭배하며, 특정 마을이나 가문에서 특히 숭상되는 신들도 있다. 붓다는 이러한 전통에서 벗어나 그 어떤 신도 아닌 인격수양에 초점을 맞추었다. 그래서 불교를 무신론이라고 비판하는 사람들이 생겨났다. 힌두교에는 많은 신들이 존재하지만 저마다 일관성이 있으며 혼란을 야기하지는 않는다. 브라마의 다양한 모습을 시내, 강, 호수, 바다, 이슬, 안개, 비, 눈, 얼음처럼 형태는 다르지만 본질적 성질은 같은 물에 빗대어 설명하기도 한다.

힌두 문학은 종류가 매우 다양하다. 힌두교의 경전 『베다*Vedas*』는 5천 년 넘게 구전되다가 책으로 묶인 것이며, 시, 기도문, 의식, 찬가 그리고 신비철학

---

* 『베다』, 『우파니샤드』와 함께 힌두교 3대 경전 중 하나.

의 『우파니샤드』를 포함하는 노래로 구성되어 있다. 『바가바드 기타』는 크리슈나 신과 전사 아르주나Arjuna의 대화로 이루어져 있다. 우주론, 신화, 전설, 지리, 영웅, 현자, 반인반신에 대한 전설로 구성된 『푸라나Puranas』에는 힌두교 형식의 창조설이 담겨 있다. 그리고 고대 인도의 2대 서사시 중 하나인 『라마야나Ramayana』는 선한 왕자 라마Rama와 마왕 라바나Ravana에 대한 이야기이며, 산스크리트어의 운문으로 쓰인 『마누 법전Manu Smriti』은 카스트 제도*를 설명하고 정당화한다.

고대 인도의 대서사시 『마하바라타Mahabharata』는 선과 악에 대한 이야기 모음집이다. 힌두철학은 크게 여섯 파로 나뉘는데, 니야야nyaya학파는 논리와 이성을 바탕으로 하며, 바이셰시카vaisheshika학파는 자연을 길잡이로 삼고, 상키아sankhya학파는 『우파니샤드』의 창조론에 근거하며, 요가yoga학파는 『우파니샤드』에서 다룬 신체단련과 정신수양을 중시하고, 푸르바 미만사purva-mimansa학파는 의식儀式에 초점을 맞추며, 베단타vedanta학파는 『바가바드 기타』와 『우파니샤드』 그리고 『브라마 수트라Brahma Sutra』의 내용을 중심으로 한다. 힌두교의 신들 중에는 동물의 형상을 한 것도 있는 것으로 전해지며 이것이 '신성한 소'를 숭배하고 돌보는 전통을 설명해준다.

힌두교는 과거와 현재의 행위에 근거하여 다음 생에 환생한다는 업karma의 법칙을 가르친다. 인도 국기의 바퀴는 업을 상징한다. 하지만 붓다는 과거의 행실에 의해 끝없이 반복되는 환생의 고리 즉, 업으로 인해 운명이 결정된다는 관념과 이를 바탕으로 한 카스트 제도에 의견을 달리했다. 그는 자기 조절

---

* 카스트caste에 따른 인도인의 신분은 브라만Brahman(승려), 크샤트리아Kshatriya(왕이나 귀족), 바이샤Vaisya(상인), 수드라Sudra(일반인 및 천민) 등 네 개로 구분되며, 최하층인 수드라에도 속하지 않는 제5계급인 불가촉천민(인도 총인구의 약 15%)이 있다.

32

과 고귀한 도덕적 행실, 잘 정비된 사제와 팔정도에 기초하여 행동해야 한다는 데는 공감했다. 그의 명상적 인식과 상위의식은 요가학파의 주장과 유사하며 영적 단계와 명상적 상태를 설명할 때 같은 용어를 사용했다.

사제四諦

사제는 불교의 토대다. 사제를 기반으로 한 팔정도로 열반 혹은 깨달음에 이르게 되기 때문이다. 열반의 증거는 자유로움, 자아완성과 통찰, 도덕적 순수성(규범, 가치, 진실성, 자기 존중에 있어서), 그리고 어린이가 느끼는 순수한 기쁨 혹은 단순히 행복이라는 말로 표현되는 평온한 만족감 등 네 가지이다.

고제苦諦: 바퀴

첫 번째 성스러운 진리는 고苦(Dukkha)[*]이다. 고통이라는 뜻으로, 생명이 있는 것이라면 반드시 고통을 느끼게 된다. 사람은 누구나 고통 속에서 태어나고 고통 속에서 죽음을 맞이한다. 또한 살아가는 동안 고통을 피해갈 수 없다. 첫 번째 진리의 상징은 굴러가는 거대한 바퀴이다. 이 운명의 바퀴는 생명 있는 모든 것을 무력하게 만들며 짓밟고 지나간다. 그래서 우리가 육체적·정신적 고통을 느끼게 되는 것이다. 붓다는 육체적 고통을 탄생, 병, 배고픔, 목마름, 상처, 노화, 죽음, 사고, 재앙으로 설명했다. 그리고 정신적 고통이 화, 두려움, 미움, 걱정, 좌절, 이기심, 무모한 야망, 혹은 지나친 육욕에서 비

---

[*] 진리를 깨닫지 못하는 범인의 고뇌, 번뇌.

롯한다고 가르쳤다. 심리적 고통은 불만족, 우울, 실망감, 불안, 박탈감, 왜곡, 망상(무지)에서 비롯한다고 가르쳤다.

집제集諦: 바퀴의 축(생명의 욕구)

두 번째 성스러운 진리는 생명의 욕구다. 고통의 근원은 자신 속에 있으며, 붓다는 이를 욕구 혹은 이기심으로 설명했다. 그리고 고통을 야기하는 모양[色], 소리[聲], 냄새[香], 맛[味], 물질[觸], 생각[法]에 해당하는 육경六境에 대해 경고했다. 욕심을 버리려면 육근六根을 활용하여 문제의 근원을 분명히 파악해야 한다.

오늘날 연구를 통해 육체적 고통에 정신적 요소가 큰 비중을 차지한다는 사실이 입증되었다. 육체적 고통이 지속될수록 좌절감에 빠지고 인내심은 고갈되어 정신적으로도 피폐해진다. 마찬가지로 정신적 고통이 지속되면 육체적 고통도 점점 더 깊고 넓게 온몸으로 퍼진다.

멸제滅諦: 그렇게 될 필요가 없다(모든 욕망에서 벗어남)

세 번째 성스러운 진리는 모든 욕망에서 벗어남Nirodha이다. 첫 번째와 두 번째 진리는 부정적이며 비관적이지만 세 번째 진리는 그렇게 될 필요가 없다고 가르친다. 고통이 현실의 전부가 될 필요가 없다는 뜻이다. 이로써 고통과 업 때문에 되풀이되는 환생이 멈추게 된다. 이는 팔정도를 따르면 누구라도 완벽한 깨달음을 얻을 수 있다는 붓다의 약속이다. 이러한 가르침이 악행에 의해 끝없는 환생이 계속된다고 가르치는 힌두교와 불교의 차이다.

불교가 초기에 신이나 극락을 언급하지 않는 가운데 인격수양에만 초점을 맞추었으므로 힌두교는 불교를 무신론으로 여겼다. 그로부터 수세기 후에 서방정토西方淨土* 란 말이 생긴 건 기독교를 의식했기 때문인 듯하다.

도제道諦: 길

네 번째이자 마지막 성스러운 진리인 도道는 상위인식과 더 나은 인격으로 이끄는 여덟 단계인 팔정도의 길을 의미한다. 이를 이해하기 위해서는 진지한 연구와 규칙적 명상 그리고 불교의 가르침을 따르는 성실한 수행이 요구된다. 2500여 년 전, 인격수양을 위해 붓다가 소개한 여덟 단계는 오늘날 우리가 알고 있는 것과 흡사하다. 붓다는 이 여덟 단계를 가리켜 누구에게나 열려 있는 넓은 길이라고 했다.

요약 고제와 집제는 부정적, 비관적이다(인생은 고통이며, 고통의 근원은 자기 자신이다). 멸제와 도제는 긍정적, 낙관적이다(그렇게 될 필요가 없으며, 팔정도는 위로, 그리고 밖으로 뻗어 있다). 이처럼 사제는 절반의 어둠과 절반의 빛이 짝을 이루고 있는데 이 책에서 앞으로 언급하게 될 도교에서 말하는 음양의 상호작용으로도 설명이 가능하다.

팔정도八正道

팔정도는 중생이 깨달음의 경지인 열반의 세계로 가기 위해서 실천수행해야 하는 8가지 길 또는 그 방법을 말한다. 붓다는 팔정도를 이렇게 설명했다.

---

* 아미타불의 정토를 말하며 극락정토라고도 함.

여덟 개의 고리를 연결한다고 해서 명성이나 명예를 얻게 되는 것은 아니다. 이 것은 우리를 구속하는 고리가 아니라 자유롭게 하는 고리이다. 우리를 자신에게서 그리고 그 고리에서 자유롭게 한다.

팔정도는 다른 종교의 가르침과도 조화를 이룬다. 그는 팔정도를 설명할 때 늘 듣는 이들을 존중했다. 제자들을 향한 가르침은 이렇게 시작된다.

여기에 길이 있다. 그대가 원한다면 받아들이고 실천하라. 그대가 원한다면 그대를 향한 축복과 함께 이 길을 거부해도 좋다. 어느 쪽을 선택하든 그대에게 평화가 있으라.

여덟 단계의 순서는 매우 중요하다. 다음 단계로 진행하기 위해서는 이전 단계를 완벽하게 완성해야 한다. 각 단계를 보통 정正이라고 해석하며 정은 각 단계의 목표를 이루기 위한 바른 길이 오직 하나임을 의미한다. 하지만 붓다는 단순히 더 나은 혹은 최고의 길을 뜻했는지도 모른다.

1단계: 정견正見(Right Understanding)

팔정도의 문을 여는 정견은 사제의 이치를 알고 제법諸法의 진상을 바르게 판단하는 지혜이며 모든 단계의 기초라고 할 수 있다. 기초를 튼튼히 하려면 사제를 확실하게 이해해야 한다. 붓다는 첫 단계에서 실패할 경우 그 어느 단계보다도 큰 고통을 겪게 된다고 말했다. 첫 단계를 완성하려면 자기 자신, 다른 사람, 진리, 선과 악, 고통과 그 원인, 그리고 궁극의 실재를 바르게 이해해야 한다.

정견을 완벽하게 익히면 바르게 보는 힘을 얻는다. 일의 경중이나 선악을 판단할 수 있게 되며 생각과 느낌 그리고 언행이 어떻게 사람을 성장시키고 영적으로 성숙하게 만드는지, 또는 방해하는지를 깨닫게 된다.

2단계: 정사正思(Right Thinking)

둘째 단계에서는 세상을 직시하며 보고 싶지 않은 것 혹은 두려운 것도 볼 수 있는 눈이 필요하다. 근대에 들어와 서양 과학에서 객관적 관찰을 요구하게 되었지만, 붓다는 2500여 년 전에 이미 그것을 말했던 것이다. 둘째 단계인 바른 생각, 즉 정사를 터득하기 위해서는 명칭이나 제목을 붙이지 않고 바르게 볼 줄 알아야 한다. 명칭을 붙이면 사람들이 사물을 있는 그대로 파악하지 않고 그 명칭에 따라 사물을 파악하고 구분하게 된다. 정사는 눈으로 보지 않고 개인적 편견 없이 사람과 사물을 있는 그대로 받아들이는 것이다.

둘째 단계는 머릿속을 물로 깨끗이 씻는 것과 같다. 편견을 버리고 정신을 순수하게 하기 위함이다. 고대 그리스에서는 신전에 들어가기 전 근처 샘물에서 몸을 씻는 정화의식을 행했다고 한다. 이 단계는 자제와 자기 훈련에 도움이 되고 올바른 행동에 더욱 집중할 수 있게 해준다. 바르게 생각할 때, 전제 조건과 이미 형성된 관념에서 자유로워질 수 있으며, 결국 증오와 무자비를 버리게 되고 해가 되는 것도 전혀 해롭지 않은 것으로 변화시킬 수 있다. 붓다의 가르침에 의하면 사람들이 '산들산들 불어오는 바람처럼 순수하게' 변한다고 한다.

3단계: 정어正語(Right Speech and Silence)

셋째 단계에서는 정견에 맞는 바른 말, 정어가 요구된다. 진실을 친절하고 간략하게 말하는 것이다. 그렇게 할 수 없다면 침묵을 지키면 된다. 아무것도 모를 때는 아무 말도 하지 않으면 된다. 중요한 일이 아니라면 침묵을 지켜야 한다. 좋은 말이 아니면 차라리 입을 다물고 거짓말을 하거나 남을 헐뜯어서는 안 된다. 단절이 아니라 화합을 위해서 말과 침묵을 적절히 사용해야 한다. 말을 알아듣기 쉽게 해야 하며 절대 복잡하거나 혼란스러운 말을 해서는 안 된다. 말이나 침묵은 빛이 되어야 하며 결코 열기가 되어서는 안 된다. 남에게 도움이 되어야지 상처가 되어서는 안 된다. 붓다는 말을 무기로 삼아서는 안 된다고 가르쳤다.

옳지 않은 말은 상처를 주며 그 상처는 절대 치유할 수 없다.

붓다는 옳지 않은 말로 능변能辯, 거짓말, 비방, 독설, 잡담 등 다섯 가지를 꼽았다. 반대로 바른 말 다섯 가지는 겸손한 말, 진실한 말, 정직한 말, 신뢰할 수 있는 말, 일관된 말이라고 했다. 적극적인 사고방식의 작가 노먼 빈센트 필Norman Vincent Peale이 지적한 바와 같이 진실하기 때문에 상처를 받기도 한다. "진실을 왜곡하면 남을 공격할 수 있지만, 진실을 말하면 내가 공격당할 수 있다!" 하지만 붓다는 상처를 주는 말을 들었을 때, 위안으로 삼을 수 있는 가르침을 주었다.

코끼리가 화살을 이겨내는 것처럼 욕설을 이겨내라. 세상에는 무자비한 궁수들이 많은 법이다.

4단계: **정업** 正業(Right Action-Conduct)

넷째 단계에서는 정어에 바탕을 둔 행위를 요구한다. 잘못을 만회할 수 있는 행동만 해야 한다. 업을 바로 하는 정업이란 필요한 것만을 구하고 즐기며 주어진 것을 겸손하고 감사하게 받아들이는 것이다. 자신의 것이 아니면 취하지 말고 욕심을 부려서도 안 된다. 정업의 목표는 인간을 비롯한 모든 생명체를 늘 친절하고 온화하게 대하는 것이다. 다른 이들의 행복을 함께 기뻐해야 한다. 모든 행동은 선한 것을 추구해야 하며 선한 일을 할 수 없거든 차라리 아무것도 하지 말아야 한다. 고대 그리스의 의성醫聖 히포크라테스가 제자들을 질책했던 것처럼 붓다 역시 "해를 끼치지 말라"고 경고했다. 예로부터 전해오는 이 같은 규범이 오늘날의 위법행위와 과실에 내한 소송에도 적용된다.

붓다는 반드시 피해야 할 타락으로 살생, 도둑질, 거짓말, 비방, 악의, 간음, 불필요한 말, 독설, 그릇된 판단, 탐욕, 음주를 꼽았다. 그리고 "욕망은 불길과도 같다. 욕망은 사그라지지 않으며 절대 소진되지 않는다"고 했다. 그는 아들 라훌라에게 "거울에 비친 네 모습을 보듯이 네 행동을 바라보아라"라고 가르쳤다. 정업의 단계를 완성하면 내면의 평화와 휴식 같은 평온함을 얻게 된다.

5단계: **정명** 正命(Right Livelihood)

정명이란 자신을 만족시키는 일을 찾는 것을 의미한다. 인생은 단순히 먹고살기 위해 일하는 시간이 아니라 어떤 사명을 이루어야 하는 시간이기 때문이다. 삶은 베푸는 것이며 하루하루를 생의 마지막 날인 것처럼 도전이자 기회로 여겨야 한다. 언젠가는 생의 마지막 날을 맞이할 것이기 때문이다. 다섯째 단계를 완성한다는 것은 자신이 가진 것에 만족하고 빚을 지지 않으며 현명하게 소비하고 비난 받지 않는 축복의 삶을 배우는 것이다. 붓다는 제자들에게 치명적인 무기, 독, 술이 없는 순수한 삶을 찾으라고 종용하고 동물이나 사람을 상하게 하는 일을 절대로 해서는 안 된다고 가르쳤다. 살생, 도둑질, 속임수, 불성실, 부정에 대해서도 강하게 경고했다. 이러한 가르침은 생명에 대한 존중과 동물에 대한 자비심에서 우러난 것이며, 남자든 여자든 어린이든 모든 사람이 같은 인간이라는 굳은 신념에 기초하고 있다.

6단계: 정정진正精進(정근正勤, Right Effort)

여섯째 단계는 일심 노력하여 아직 나지 않은 악은 못 나게 하고 나지 않은 선은 나게 하는 것이다. 개인적 · 영적 성장을 위해 최선을 다해야 한다는 가르침이 담겨 있다. 붓다는 "악을 멀리하는 힘은 정정진만 한 것이 없다"고 했다. 그리고 네 가지 위대한 정정진이란 욕망과 무지를 멀리하는 노력, 욕망과 무지에 사로잡히지 않도록 물리치는 노력, 선을 행하고 악을 피할 수 있는 기운과 힘을 만드는 노력, 그리고 팔정도를 계속 따르려는 노력이라고 가르쳤다.

정정진에는 육체적 · 정신적 힘이 필요하다.

씨를 뿌리기 전에 잡초를 뽑아내듯이 마음의 정원에서 자라고 있는 원치 않는 잡초를 모두 뽑아야 한다.

7단계: 정념正念(Right Mindfulness)

일곱째 단계의 목표는 불교에서 매우 중요하게 여기는 마음챙김mindfulness

혹은 주의 깊음heedfulness이다. 마음챙김이란 '그것과 함께하는' 집중, 알아차림, 주의를 기울이는 상태를 의미한다. 특히 비판적 판단과 같은 능동적인 생각을 포함하기 때문에 정견을 넘어선다고 할 수 있다. 무엇에 관해 생각할지, 그리고 깨달음에 이르는 팔정도를 따르는 데 무엇이 중요한지 생각할 줄 알아야 한다. 마음챙김은 매일 말하고 행동함으로써 발달한다. 그리고 때가 되면 언제나 우리 곁을 지키는 든든한 친구가 된다.

정념은 긴장이 가득한 일상에서 벗어나 방해받지 않는 사색을 함으로써 얻을 수 있다. 정념의 징후는 빠른 판단력이다. 붓다는 말했다.

산만한 환경에서도 세심한 주의를 기울이고, 잠든 지 기운데 깨어 있으라. 현자는 느린 말[馬]을 앞지르는 빠른 말처럼 성공하리라.

8단계 : 정정 正定(Right Concentration)

여덟째 단계는 산란한 생각을 없애고, 참으로 마음이 안정되게 하는 것이다. 붓다는 이 단계를 밧줄에 비유하면서 여섯째 단계인 정정진과 일곱째 단계인 정념을 함께 꼬면 튼튼한 밧줄이 된다고 설명했다. 세 단계가 조화를 이루고 상호작용하면서 단순히 각 부분을 합한 것보다 더 큰 힘을 발휘한다. 그는 정정을 지적 훈련으로 간주했으며 마음과 인격을 계발해야 한다고 강조했다. 불교에서는 요가처럼 존재를 초월하려고 명상하지 않으며 특정한 정신작용과 그 정신작용을 극복하는 데 더욱더 집중한다. 그리하여 마음이 갓 태어난 듯 순수하고 빛날 때 지복과 고통을 초월하는 평온한 사색의 경지에 도달한다.

붓다는 "어리석은 사람은 물이 반쯤 들어 있는 그릇과 같지만, 지혜로운 사람은 깊고 고요한 호수와 같다"고 했다. 팔정도에는 무아지경이나 초자연적인 힘이 존재하지 않는다. 하지만 절대 불가능한 것은 아니다. 그는 명상의 두 단계에 대해 설명했다. 첫째는 평온과 내면의 평화인 '마음의 평정'(사마타 바바나samatha-bhavana), 둘째는 상위의식인 일체 혹은 신비로운 화합을 의미하는 '통찰명상'(위파사나 수행vipassana-bhavana)이다. 통찰명상은 생각이 자유롭게 흘러가도록 하는 것이다. 생각이 자유로울수록 불필요한 생각이 사라지고 의식은 점점 더 높은 단계에 도달하기 때문이다.

전하는 이야기에 의하면 눈보라 속에서 길을 잃고 헤맬 때 말의 고삐를 놓으면 말이 집까지 무사히 안내한다고 한다. 통찰명상이 바로 그런 것이다. 선불교도들은 이를 상상의 통나무에서 떨어지는 것 혹은 우물 속으로 빠지는 것이라고 한다. 학자들은 이 방법으로 다양한 정보가 어떤 규칙이나 결론으로 자신들을 자유롭게 이끌도록 한다. 옛날 선불교의 궁수들은 궁수와 활, 화살, 그리고 과녁이 온전히 하나가 될 수 있도록 명상했다. 2500여 년 전 붓다가 이미 가르친 기술이라는 사실은 모르겠지만, 현대의 명사수들 역시 같은 방법을 사용한다.

붓다의 마지막 가르침

붓다의 부드럽고 신실한 성품은 마지막 가르침에서 여실히 드러난다. 여든 살을 넘긴 그는 여전히 세상을 유랑하며 사제와 팔정도를 가르쳤다. 알려진 바와 같이 그는 급성소화불량 혹은 열성 신자들이 준비한 음식을 먹고 식중독으로 죽음을 맞이했다. 2500여 년 전에 그의 죽음에 관해 정직하게 기술해

42

놓았다는 점이 주목할 만하다. 수백 명의 승려와 여승들이 그의 임종을 지켜본 것으로 전해진다. 그들은 그의 죽음이 임박한 사실을 잘 알고 있었으므로 붓다의 말에 귀를 기울였다.

네 자신에게 섬이 되라. 네 자신에게 안식처가 되라.

섬이 되고 안식처가 되어 진리를 바라보라.

다른 이에게서 안식처를 찾지 말고 자신에게서 찾아라.

그리고 지금부터, 아니 내가 떠난 후에 모두가 섬이 되고 안식처가 되어 또 다른 안식처를 찾지 말고, 섬이 되고 안식처가 되어 진리를 바라보라. 그리하면 저 멀리 피안에 도달할 수 있디. 그러기 위해서는 노력[正勤]* 해야 한다.

이제 떠날 때가 되었다. 나의 생애가 막을 내릴 때다.

너희를 남겨두고 홀로 떠난다.

성실하고 경건하며 늘 신중하게 생각하라.

확고한 의지를 가지고 마음을 지켜라. 지치지 않고 자신의 진리와 법을 붙들고 놓지 않는 자, 인생의 바다를 건너 모든 고난을 끝내리라.

눈물 흘리지 마라. 자신을 괴롭히지 마라.

결국 가까이 있는 사랑하는 모든 것과 헤어지는 것이 세상의 이치 아니더냐? 태어나서 성장하고 생기 있는 모든 것은 그 속에 죽음을 품고 있다. 그렇지 않다면 모든 것이 어찌 사라지겠느냐? 다른 방도가 없느니라.

"이제 스승이 없으니 우리를 이끌어줄 사람이 없다"고 하는 자들도 있을 것이다.

---

* 정근正勤 : 선법善法을 더욱 자라게 하고 악법을 멀리하려고 부지런히 닦는 수행법.

그렇게 생각해서는 안 된다. 내가 떠난 후 내게서 들은 가르침과 계율을 스
승으로 삼아라.

잘 들어라, 누구나 죽기 마련이다.

스스로 구원하는 데 정진하라.

3장
선禪의 마음 불꽃과 섬광의 통찰

아무것에도 얽매이지 마라.

그저 자리에서 일어나 앞으로 나아가라. 그리고 자유를 얻으라.

—임제종臨濟宗*

* 임제臨濟 의현義玄에 의해 창시된 중국 불교
  선종 5가家의 한 종파.

달마와 선불교

선불교의 전설적인 창시자는 달마達磨이다. 이 '푸른 눈의 승려'가 520년 인도에서 중국으로 건너갔다. '푸른 눈'이란 기록만 보더라도 선불교가 당시 전통 불교에 얼마나 큰 변화를 일으켰는지 짐작할 만하다. 푸른색은 지혜를 상징했으니 말이다. 달마는 산스크리트어 다르마Dharma의 음역으로 보리달마菩提達磨라 하며 달마가 약칭이다. 남인도(일설에는 페르시아) 향지국의 셋째 왕자로, 후에 대승불교의 승려가 되어 선禪에 통달했다. 중국에 가서 북위의 낙양에 이르러 동쪽의 숭산 소림사에서 9년 동안 면벽좌선하고 나서, 사람의 마음이 본래 청정하다는 이치를 깨달아야 한다고 주장했다.

중국어로는 '찬Ch'an'이라 발음하는 선불교는 송나라(860~1279) 때 전성기를 맞았다. 6세기 중국에서 공부하던 일본 승려들이 자국에 전파하면서 비로소 선불교로 불리게 되었다. 명암영서明菴栄西(1141~1215)는 일본에 임제종臨濟宗(Rinzai)을 설립한 사람으로 통찰력을 얻는 방법으로 수수께끼와 반박을 사용했다. 그리고 도원선사道元禅師는 1200년경 크게 선풍禪風을 진작시킨 대승 불교의 경전에 기초를 둔 조동종曹洞宗(soto)*을 설립했다.

임제종과 조동종 모두 명상의 중요성을 강조한다. 선불교의 찬Ch'an과 선Zen이란 명칭은 산스크리트어 디야나dhyana에서 파생된 말로 명상적인 마음을 의미하며, 붓다의 마음이라고도 한다. 선불교는 불교가 변형된 것이지만, 통찰력을 얻는 직접적인 방법으로 붓다의 진심 어린 가르침을 더한다. 상위 의식을 체험하기 위해 현실을 예리하게 연구하는 짐을 들어 대승불교와 도교를 합쳤다고 말할 수도 있다. 임제종은 선불교의 마음을 다음과 같이 설명한다.

아무것에도 얽매이지 마라. 그저 그 자리에서 일어나 앞으로 나아가라. 그리고 자유를 얻으라.

선불교는 서양의 물질주의와 상반되는 부분이 많다. 선불교는 세상을 있는 그대로 바라보고, 명칭을 붙이거나 분류하지 않는다. 세상을 소유하려고 하지 않으며 세상사에 적극적으로 대처하거나 반응하지도 않고 세상을 바꾸려고도 하지 않는다. 때문에 선사禪師라면 '벽 틈에서 자라는 꽃이여/내가 너를 뽑으리'로 시작하는 영국의 시인 앨프리드 테니슨의 시를 읽으면 충격을 받

을지도 모른다. 이기적인 즐거움을 위해 꽃의 생명을 함부로 취한다는 내용을 담고 있기 때문이다. 선불교에서는 보는 이가 없더라도 아름다움을 마음껏 발산하도록 꽃을 살아 있는 그대로 자연에 두라고 가르친다.

선불교의 역설

선불교가 추구하는 건 하늘처럼 펼쳐진 마음이지만 실제로 생각을 자유롭게 펼치다 보면 어느새 '마음은 아예 사라지고 만다.' 전형적인 선불교의 역설로, 마음을 채우려면 반드시 마음을 먼저 비워야 한다고 가르친다. 전통적인 가르침이 해답은 아니다. 선禪은 귀납적 · 직관적이며 때로는 반주지反主知적이다. 선은 배우기보다는 터득하는 것이다. 이 번뜩이는 찰나의 통찰력을 일본어로 사토리satori, 즉 오도悟道, 돈오頓悟라고 하는데 미지로의 신비로운 도약이나 상상의 통나무에서 떨어지는 것과도 같다.

선불교의 무념無念은 서양인의 마음에 비하면 투명한 유리잔이나 거울과 같다. 선불교의 마음은 판단하지 않고 제3의 눈과 귀로 보고 듣는 것이다. 서양인은 명칭을 붙이고 분류하고 해석하며 그리고 정확하게 보고 듣지만 정작 핵심에서 벗어나 있다! 선은 이미 존재하는 것들에 불필요한 설명을 덧붙이지 않는다. 사람들은 알아야 할 것을 이미 모두 알고 있으며 어쩌면 지나치게 많이 알고 있는지도 모른다. 사람들의 잔은 이미 차고 넘친다. 선불교의 언어는 직접적이며 때로는 거칠고 충격적이고 불경스럽기까지 하다. 오도, 즉 도의 깨달음은 살짝 찌르는 것일 수 있고, 쿡쿡 찌르는 것일 수도 있으며, 혹은 번개를 맞은 것처럼 강렬한 것일 수도 있다.

무념의 단순성

선불교는 중국에 뿌리를 두고 있으며 그 유명한 푸른 눈의 수도승 달마에 의해 창시되었다. 그가 죽은 후에 선사들이 계승했다. 7세기에는 5대조 홍인선사弘忍禪師가 계보를 이어받았는데 6대조를 선발해야 할 시기가 되자 홍인선사가 제자들에게 선불교를 가장 잘 설명할 수 있는 글을 짓게 했다. 그리고 가장 훌륭한 두 글이 뽑혔는데, 그중 하나인 신수선사神秀禪師의 글이 다음과 같다.

몸은 보리수요
마음은 명경대와 같나니
늘 부지런히 털고 닦아서
먼지 하나라도 묻지 않도록 하라.

그리 나쁘지 않다! 선을 잘 드러낸 글이다. 신수선사는 홍인선사의 수제자 중 하나로 많은 사람들이 그를 따랐다. 혜능慧能은 부엌에서 일했고 신수만큼 입지가 탄탄한 건 아니었다. 혜능의 글은 신수의 글에 대한 화답이다.

보리는 본래 나무가 아니고
명경 또한 받침대가 없다
본래 아무것도 없는데
어디에 티끌이 있겠는가?

신수선사의 글은 '거울과도 같은 순수'라는 귀납적인 접근방식을 취한다. 그에 반해 혜능의 글은 직관적, 실존주의적 '무념의 단순성'을 묘사한다. 뜻밖에도 혜능선사가 6대조에 선출되자 신수선사는 그길로 떠나 북종선北宗禪을 만들었다. 하지만 혜능선사가 이끈 남종선南宗禪이 종파 간의 대립에서 승리했다. 혜능선사는 일반인이 종교의식과 명상을 중시하는 만큼 일상에서 선을 찾고 적용하는 일도 중요하다고 강조했다.

혜능선사는 자각自覺에는 큰 모험이 따른다고 가르쳤다. 생각이 지나치다 보면 이타적이기보다는 오히려 이기적인 사람이 되기 쉽다고 경고했다. 결국 속세에 얽매어 상위의식에 도달하는 데 방해가 된다는 이론이다. 남종선과 비교하면 북종선의 교리가 더 체계적이며 다양한 의식과 앉기, 서기, 걷기 명상에 더 의존한다. 이는 유대교, 기독교, 이슬람교와 마찬가지로 선불교 또한 종파의 분립이 있었음을 말해준다.

공안公案(화두)

선종은 도를 터득하게 하기 위하여 생각하게 하는 문제인 공안을 제시한다. 공안은 통찰력을 키우는 수수께끼로 연역적 추론 혹은 알고 있는 사실을 기반으로 답을 찾을 수 있다. 가장 뛰어난 답은 결코 과학적 사실이나 사회적 관습에 근거하지 않는다. 공안은 명상의 인식, 즉 변화적이고 초월적인 신비로운 도약을 목표로 한다. 공안이 제 기능을 다하면 별안간 터져 나오는 오도를 얻게 되면서 절로 "아하!"라고 감탄하는 경험을 하게 된다. 오도는 지성과 이성, 사실을 배제할 때 가장 잘 경험할 수 있다. 이는 다음 사례를 통해 잘 드러난다.

제자 대오大悟란 무엇입니까?

스승 대오란 텅 빈 집에 침입한 도적과도 같다.

제자 경전을 읽는 것이 도움이 되겠습니까?

스승 깨달음에 이르는 길에 왕도란 없다. 네 앞엔 사시사철 푸르른 산이 우뚝 서 있을 뿐이지. 어느 방향을 택하든 매우 즐겁게 산책할 수 있을 것이다.

깨달음을 얻기 위해서는 자유롭고 열린 마음으로 탐구하고 물질과 소유에 연결된 고리를 완전히 끊어버려야 한다. "죽을 때 가져갈 수 없다"는 서양 격언은 선불교에서도 찾아볼 수 있다. 선불교에서는 "그걸 원힐 이유가 전혀 없다"는 가르침을 덧붙인다. 깨달음을 얻은 마음은 선불교에서 말하는 텅 빈 집, 즉 우주와 조화를 이루며 하늘처럼 넓게 펼쳐진다!

오도悟道의 불꽃

공안은 오도의 불꽃Satori Spark을 점화하는 역할을 한다. 공안을 활용하는 방법 중 하나는 색인카드에 하나씩 적어두는 것이다. 그리고 한 장씩 꺼내 학습한다. 그 의미를 되새기고 오도의 불꽃에 마음을 열어둔다. 카드를 모두 학습한 후에는 무작위로 하나씩 골라내 복습한다.

공안의 종류

다음은 가장 잘 알려진 공안이다.

기본 질문

　1. 몇 시인가?

2. 생일은 언제인가?

3. 어머니는 누구인가?

4. 스승은 누구인가?

5. 얼마나 잘 볼 수 있는가?

6. 얼마나 부유한가?

7. 몇 살인가?

8. 소유한 것은 무엇인가?

9. 집은 어디인가?

비교

10. 최고의 스승은 누구인가?

11. 최고의 지식은 무엇인가?

12. 가장 친한 친구는 누구인가?

13. 최고의 아름다움을 어떻게 알 수 있는가?

14. 최악의 적은 누구인가?

역설

15. 침묵의 소리란 무엇인가?

16. 실패가 어떻게 성공일 수 있는가?

17. 고독이 어떻게 좋은가?

18. 이별이 어떻게 찾아오는가?

19. 추함이 어떻게 아름다운가?

20. 어둠이 어떻게 빛나는가?

21. 선한 것이 언제 악이 되는가?

22. 차이가 언제 같음이 되는가?

23. 위대한 것이 어떻게 초라해지는가?

24. 공空이 어떻게 채워지는가?

25. 끝이 어떻게 시작되는가?

26. 남자는 언제 남자가 아니며, 여자는 언제 여자가 아닌가?

   (남자는 언제 여자이며 여자는 언제 남자인가?)

27. 공空의 교훈은 무엇인가?

28. 조각하지 않은 나무의 교훈은 무엇인가?

29. 씨앗에서 얻을 수 있는 교훈은 무엇인가? 꽃의 교훈은?

30. 일출의 교훈은 무엇인가? 정오의 교훈은?

31. 물의 교훈은 무엇인가? 바다의 교훈은? 바닷가의 교훈은?

32. 바람의 교훈은 무엇인가? 하늘의 교훈은? 구름의 교훈은?

33. 폭포의 교훈은 무엇인가?

34. 눈의 교훈은 무엇인가? 얼음의 교훈은? 비의 교훈은? 이슬의 교훈은?

35. 불의 교훈은 무엇인가? 촛불의 교훈은?

36. 곤충의 교훈은 무엇인가? 새의 교훈은? 동물의 교훈은?

37. 땅의 교훈은 무엇인가? 해의 교훈은? 달의 교훈은?

38. 아기가 어떻게 네 조부모가 될 수 있는가? 설명하라. 그래서 어떻단 말

인가?

39. 장미를 잡초라고 부른다면 어떤 일이 벌어질까? 설명하라. 그래서 어떻
단 말인가?

40. 할아버지가 돌아가셨다. 아버지가 돌아가셨다. 아들이 죽었다. 이것이
어떻게 희소식이 될 수 있는가? 설명하라. 그래서 어떻단 말인가?

41. 초, 심지, 불꽃 중 무엇이 가장 중요한가? 세 가지가 같은 것인가? 설명
하라. 그래서 어떻단 말인가?

42. 장님에게 왜 불붙인 초나 등불을 주는가? 설명하라. 그래서 어떻단 말
인가?

43. 가장 높은 산에서 까치발을 한다면 더 높은 곳에 닿을 수 있는가? 설명
하라. 그래서 어떻단 말인가?

44. 두 사람이 논쟁을 벌이고 있다. 둘 다 옳다. 둘 다 옳지 않다. 한 사람이
그르다. 둘 다 그르다. 서로 가르치려 하지만 실패했다. 어떻게 이런 일
이 있을 수 있는가? 그래서 어떻단 말인가?

45. 배가 가라앉는다. 물이 차는 것인가 아니면 배가 가라앉는 것인가? 어
떤 것이 더 강한가? 무엇이 이기는가? 설명하라. 그래서 어떻단 말인가?

46. 흑백이 어떻게 같을 수 있는가? 흑백이 왜 서로 필요한가? 어떤 것이 더
중요한가? 설명하라. 그래서 어떻단 말인가?

47. 망치로 못을 때린다. 어떤 것이 더 강한가? 어떤 점이 비슷한가? 어떤
점이 다른가? 무엇이 더 약한가? 어떤 것이 이기는가? 설명하라. 그래서
어떻단 말인가?

48. 창문 하나 없는 캄캄한 방 안에 독사와 밧줄이 있다. 둘을 어떻게 가려
낼 수 있는가? 설명하라. 그래서 어떻단 말인가?

49. 이것을 문장이라 칭한다면 그 명칭의 함정에 빠지게 된다. 문장이라 하지 않으면 사실을 부인하는 것이다. 그렇다면 무엇이라 칭하겠는가? 설명하라. 그래서 어떻단 말인가?

50. 선禪은 아무것도 아니다. 선은 아무것도 아닐 수가 없다. 선은 무엇인가를 아는 것이 아니다. 선은 알고 있다. 선은 아무것도 모른다. 선은 아는 것이 없다. 선은 무엇인가다. 선은 어떤 것이다. 그것은 선이지만 선이 그것은 아니다. 선이지만 선이 아니다. 어떻게 이럴 수 있는가? 설명하라. 그래서 어떻단 말인가?

51. 선의 절반은 허튼소리다. 선의 절반은 옳은 소리다. 선의 절반은 허튼소리이기도 하고 옳은 소리이기도 히다. 선의 질반은 어떤 절반도 아니다. 어떻게 이런 일이 있을 수 있는가? 설명하라. 그래서 어떻단 말인가?

52. 귀가 없는데 소리가 있을 수 있는가? 설명하라. 그래서 어떻단 말인가?

53. 한 손으로 손뼉을 치면 어떤 소리가 나는가? 설명하라. 그래서 어떻단 말인가?

54. 구멍이 없고 단단한 철로 된 플루트를 어떻게 연주할 수 있는가? 설명하라. 그래서 어떻단 말인가?

이야기와 우화가 선의 접근법을 설명해준다. 공안과 마찬가지로 우리는 오도의 불꽃을 포착하거나 놓치기도 한다. 예를 하나 살펴보자.

승려의 의자

예로부터 불교의 승려들은 서열에 따라 지정된 의자에 앉았다. 어느 날 한 어린 수도승이 선불교의 접근법을 이용하여 나이도 가장 많고 가장 높은 깨달음의 경지에 올랐다는 승려의 자리에 앉았다. 노승은 그 자리에 앉은 제자에게 다가가 선불교의 대화를 시작했다.

노승 불교식으로 말해 나이가 몇인고?
제자 선사시대의 붓다만큼이나 오래되었습니다.

제자의 말에 주위가 고요해졌다. 그 자리에 있던 승려들은 그 제자가 매우 강한 선불교의 논거를 제시했다고 생각했다. 하지만 노승은 당황하지 않고 온화한 미소를 지으며 조용히 말했다. "저리 비키게. 내 증손자 아닌가."

오도의 불꽃 이것은 선에서 말하는 전형적인 '한 수 앞서가기one-upmanship'로 겉으로는 유치한 말장난으로 보이지만 그 이면에는 깊은 영적 의미가 담겨 있다. 선불교를 믿는 신자들은 철저히 단순한 방식으로 수행하기 때문에 어린이처럼 쾌활하다. 그들은 아기처럼 세상을 있는 그대로 순수하고 단순하게 바라본다.

선의 찻잔

서양의 한 학자가 유명한 선사를 찾아갔다. 학자는 자신의 경험과 훈련, 연구, 저서, 여행담, 관심분야 등에 관해 설명한 후 선을 배우고 싶다고 밝혔다. 학자가 쉬지 않고 이야기하는 동안 선사는 차를 내왔다. 그리고 손님의 찻잔이 넘칠 때까지 계속 차를 부었다. 학자가 걱정스러운 듯 물었다.

"찻잔이 가득 찬 게 안 보이십니까?"

선사가 조용히 말했다.

"네, 당신의 머리도 생각으로 가득 차 넘치는군요. 빈 찻잔을 가져오지 않는 한 당신에게 선을 설명할 수가 없습니다."

오도의 불꽃 선은 인지하기보다는 경험에 의거하며 이론적이기보다는 실질적이다. 배울 수는 있으나 알 수 없고, 읽을 수 있으나 결코 깨달을 수 없다. 선사는 개인의 편견과 이미 터득한 지식까지도 깨달음을 얻는 데 방해물이 될 수 있음을 지적했다.

선사의 기적

선사가 앉은 자세로 명상에 잠겨 있을 때 서양 선교사 한 명이 다가왔다.

선교사 제가 믿는 종교의 창시자는 많은 기적을 행했습니다. 그분은 물 위를 걷기도 했습니다. 선생은 무엇을 할 수 있습니까?

선사 전 그저 작은 기적을 행할 뿐입니다. 배가 고프면 밥을 먹습니다. 목이 마르면 물을 마시고, 외로우면 더 큰 진리를 생각합니다. 모욕을 당했을 때 용서를 할 수도 있답니다.

 이 대화는 직설적이고 성급한 서양과 우회적이고 사색적인 동양의 특성을 여실히 보여준다.

승려의 사명

수세기 전 일본에 한 승려가 살고 있었다. 그는 일본어로 인쇄된 최초의 불교 경전을 만드는 일을 사명으로 삼고 필요한 돈을 마련하기 위해 이 마을 저 마을 다니며 시주를 받았다. 십 년 노력 끝에 마침내 필요한 돈을 모았지만, 공교롭게도 그해에 우지 강이 범람하여 큰 흉년이 들었다. 결국 승려는 그 돈을 쌀이 필요한 사람들을 위해 썼다.

승려는 다시 여기저기 떠돌아다니며 불경 인쇄에 필요한 돈을 모았다. 십 년이 지나 충분한 돈을 모았을 때 전염병이 돌았다. 그는 그동안 모은 돈으로 가난한 사람들에게 약을 사주었다.

세 번째로 승려는 십 년 동안 온 나라를 떠돌며 돈을 모았다. 그는 늙고 지쳤지만 죽기 전에 자신의 사명을 완수했다. 불경은 일본어로 인쇄되었고, 오늘날 우리는 그 불경을 박물관과 도서관에서 볼 수 있다. 이 이야기는 승려가 인쇄한 불경이 그의 첫 번째, 두 번째 업적만큼 훌륭하지 않다는 사실을 안 사람들이 전해준 것이다.

 이 우화는 19세기 영국의 평론가이자 시인인 제임스 헌트James Henry Leigh Hunt의 『아부 벤 아뎀*Abou Ben Adhem*』과 다소 흡사하다. 아부 벤 아뎀은 8세기의 유명한 무슬림 신비주의자로 왕좌를 버리고 금욕주의자가 되어 알라 신에게 자신을 바쳤다. 헌트의 시는 다음과 같은 내용을 담고 있다. 어느 날 밤, 벤 아뎀 앞에 천사가 나타났다. 천사는 황금 책에 신을 사랑하는 자들의 이름을 적고 있었다. 그가 자신의 이름이 적혀 있는지 묻자 천사는 그렇지 않다고 했다. 그러자 "그렇다면 친구를 사랑하는 사람으로 제 이름을 적어주십시오"라고 요청했다. 이 시는 이렇게 끝을 맺는다.

다음 날 밤
천사가 다시 나타났다…….
그리고 신이 사랑하여 축복을 내린 사람들의 이름을 보여주었다.
아! 벤 아뎀의 이름이 맨 위에 적혀 있었다.

천국과 지옥 가까이에서!

황제의 호위대장인 유명한 사무라이가 자리에서 물러났다. 노년을 깨달음을 얻는 데 보내고 싶었기 때문이다. 그는 존경받는 선사를 찾아가 자신의 의지를 밝혔다.

무사 선생의 철학과 명상에 대해 배우고 싶습니다.

선사 무엇이 알고 싶소?

무사 천국과 지옥이 정말로 있는지 알고 싶습니다.

선사 당신은 누구요?

무사 저는 황제의 호위대장이었습니다.

선사 말도 안 되오. 당신 같은 사람을 받아주는 황제도 있단 말이오?

무사(분개하여) 나는 전장에서 수없이 승리를 거둔 사무라이오.

선사 못 믿겠는데. 내겐 그저 거지로 보일 뿐이오만.

(무사는 분노에 찬 눈빛으로 칼을 뽑아들려고 했다.)

선사 아, 칼은 보이네그려. 아마 훔쳤을 거요. 칼을 쓸 줄도 모르는 게 분명하오. 녹이 슬고 무뎌서 아무것도 자를 수가 없을 거요.

(무사는 분노하여 칼을 뽑아들고 선사의 목을 겨눴다.)

선사(차분하게) 자! 이제 질문의 답을 반은 얻은 셈이오. 지금 지옥의 문이 당신에게 열려 있소.

(무사는 처음에는 혼란스러워 하다가 나중에는 몹시 화가 났다. 하지만 이제껏 수많은 전투를 승리로 이끈 건 그의 빠른 판단력과 지혜였다. 선사의 말에 갑작스런 충격을 받은 그는 얼어붙은 듯 서 있었다. 그리고 굉장한 오도의 폭발에 몸을 떨며 무릎을 꿇고 눈물을 흘렸다.)

선사(차분하게) 자, 아들아! 이제 나머지 반의 해답도 얻었구나. 지금은 천국의 문이 너를 향해 활짝 열려 있단다.

오도의 불꽃 선을 설명하기 위해 일부러 마음을 불안하게 만들기도 한다. 선사는 무사의 전투세계에 들어가 그것을 참고로 무사의 관심을 끌고 그가 오도를 경험할 수 있는 상황을 만들었다.

공주의 머리

자신의 얼굴을 볼 수 없어 몹시 속상한 공주가 있었는데, 그녀는 자신의 얼굴이 없어졌다고 생각했다. 공주의 가족은 얼굴이 분명 보이니 염려하지 말라고 안심시켰지만, 공주는 그 말을 믿지 않았다.

"가족이니까 그렇게 말해주는 거예요."

거울이 앞에 놓여 있었지만 그녀는 이렇게 말할 뿐이었다.

"이건 내 사진이에요. 머리는 맞지만 분명 내 머리는 아니에요."

공주의 아버지는 필사적인 심정으로 딸을 마을 광장 기둥에 묶어 놓고 머리가 잘 붙어 있다고 말해서 공주를 안심시켜달라는 내용의 팻말을 행인들이 잘 볼 수 있는 곳에 걸었다. 많은 사람들이 적힌 대로 했지만 공주를 더욱 속상하게 할 뿐이었다. 그녀는 이렇게 탄식했다.

"나는 볼 수가 없어요. 느낄 수도 없어요. 머리가 없는 게 틀림없어요."

바로 그때였다. 지팡이를 짚은 한 노인이 다가와 팻말에 적힌 글을 읽었다. 그리고는 갑자기 지팡이를 휙휙 돌리더니 공주의 머리를 냅다 내리쳤다. 공주가 고통스럽게 비명을 지르자 노인이 말했다.

"바로 그게 당신의 머리요!"

오도의 불꽃 수백 년 동안 전해오는 이 우화는 엄한 사랑 혹은 현실요법의 한 사례다. 때로는 단순한 행동이 백 마디 말보다 낫다. 때로는 생각보다 신체적 감각이 더 많은 걸 깨닫게 한다. 이와 유사한 방법으로 심리치료에 직면直面을 사용하는 프리츠 펄스의 게스탈트 요법에서도 이 우화는 가장 보편적인 사례가 될지 모른다. 경험이 치료인 것이다!

승려의 여인

승려 두 명이 여느 때와 마찬가지로 마을에서 음식 시주를 받았다. 우기였으므로 거리가 온통 진흙탕이었다. 한 매력적인 여인이 값비싼 비단옷을 망칠까 염려하여 길을 건너지 못하고 있었다. 그때 한 승려가 망설임 없이 도와주겠다고 나섰다. 여인이 승낙하자 그는 여인을 번쩍 안아서 길 건너편에 내려주었다. 그러자 다른 승려가 몹시 언짢아했다. 그리고 사찰로 돌아가는 내내 잔소리를 늘어놓았다.

"여인과 접촉하는 것이 엄격히 금지되어 있다는 걸 잘 알지 않는가. 우리는 여인의 근처에도 가서는 안 되네. 특히 아름다운 여인은 더더욱 안 되지. 절대 손을 대서는 안 돼."

사찰 입구에 도착하자 첫 번째 승려가 온화하게 웃으며 말했다.

"이보게, 난 몇 시간 전에 그 여인을 잠깐 들었다 놨을 뿐이네. 하지만 자네는 아직도 그 여인을 마음에 품고 있지 않는가."

오도의 불꽃 수세기 동안 선사들은 새 신자들에게 이렇게 물었다.

"얼마나 많은 짐을 지고 있습니까?"

혹은 이렇게 말하기도 했다.

"짐을 너무 많이 가져오지 않기를 바랍니다. 버리려면 시간이 꽤 많이 걸리거든요."

이는 선불교에서 끝내지 못한 마음의 고민, 풀지 못한 문제, 그리고 해결되지 않은 과거의 인간관계를 말하는 전형적인 방법이다. 근심 걱정 없는 시간을 기대하며 휴가를 계획했던 사람들 대부분은 자신들이 짊어지고 온 긍정적, 부정적 짐을 깨닫고 이내 실망하고 만다. 선불교에서는 가벼운 여행이 최선이라고 가르친다. 오직 이 순간만이 현실이다. 어제는 영원히 지나가버렸으며 내일은 아직 찾아오지 않았다.

실존주의

선과 유사한 서양철학이 실존주의다. 실존주의는 보통 개인의 의사결정과 자유를 중시하는 철학으로 정의된다. 실존주의는 제2차 세계대전 후 활발하게 퍼졌다. 한 도발적인 실존주의자는 "넌 자유다. 네 자신을 규정해보아라"라고 말했다. "신은 죽었다"고 말한 니체를 비판하는 사람들도 있지만, 선불교에서는 니체의 발언이 우리를 살게 하며 또한 신의 간섭 없이 자신의 행동에 온전히 책임을 지게 한다고 느낄 것이다.

또 다른 사례로 "인생은 그 어떤 의미도 갖지 않는다"라는 말이 있다. 이는 "우리 스스로가 인생에 의미를 부여한다"는 뜻이다. 실존주의자들은 현실적일 뿐만 아니라 이상적이기도 하다. 무신론적 실존주의의 입장에서 전개한 『존재와 무Being and Nothingness』(1943)라는 작품으로 제2차 세계대전 전후 시대사조를 대표한 프랑스의 철학자 장 폴 사르트르Jean Paul Sartre는 『상황Situations』(1939)에서 다음과 같이 말했다.

우리는 우리가 소유한 것의 합계가 아니다. 우리가 아직 가지지 못한 것, 그리고 어쩌면 우리가 가졌을지 모르는 것들의 총체일 뿐이다.

실존주의 철학을 체계적으로 전개한 독일의 철학자 칼 야스퍼스Karl Jaspers는 말했다.

내가 나 자신의 참모습을 깨달을 때, 나는 내가 경이롭게 여기며 내가 전혀 알지 못하는 바로 그 세상 속에 있음을 알게 된다.

4장
도의 정신 찾아보기와 꿰뚫어보기

보려 해도 볼 수 없다. 도는 보이지 않는 것이다.

들으려 해도 들을 수 없다. 도는 들리지 않는 것이다.

잡으려 해도 잡을 수 없다. 도는 잡히지 않는 것이다.

—노자

노자老子의 지혜를 모은 책 『도덕경道德經』

도교는 고대 중국의 철학으로, 노자(기원전 604~531년경)가 도가사상의 효시라고 본다. 노자의 본명은 이이李耳이고 자는 담聃, 노담老聃이라고도 한다. 전해 오는 이야기에 의하면 그는 주나라 때 허난성의 장서실藏書室을 관리하던 주하사柱下史*였으며 지혜가 뛰어나 존경받았다고 한다.

늙어서 관직을 떠나게 된 그는 허름한 차림에 검은 소를 타고 죽음을 준비하려고 산으로 들어갔다. 국경을 수비하던 관문지기가 노자를 알아보고 그를 막았다. "선생님은 중국에서 가장 지혜로운 분이십니다. 제가 선생님을 보

---

* 중국 주나라 때의 장서실 관리인.

내드린다면 우리는 선생님의 큰 지혜를 모조리 잃게 될 것입니다." 노자가 자신의 지혜를 직접 글로 쓰거나 다른 사람에게라도 받아쓰게 하겠다고 제안하자 관문지기가 마지못해 수락했다. 그 결과 81쪽지의 경문 혹은 '생각의 가닥'이 모여 『도덕경』이 되었다. 『도덕경』은 『노자』 또는 『노자 도덕경』으로도 불린다. '도道'는 해석할 수 없고 보편적이고 절대적이며 흔히 '길the way'로 번역된다. '덕德'은 최고의 선 혹은 품성이며, '경經'은 '책'을 뜻한다.

도교 신자가 지향하는 가치는 노자의 지혜, 그의 수수한 옷차림과 겸손한 태도, 적은 소유에 대한 만족, 단순한 삶으로 상징된다.

일부 학자들은 『도덕경』이 문자가 발달하기 전인 기원전 3천 년경이나 그 이전부터 구전되어 왔을 것으로 짐작한다. 최초의 중국 문사인 표의문자가 생겨난 뒤에도 '책'은 한 권의 형태가 아니라 두루마리 뭉치나 색칠한 죽간竹簡*으로 남아 있었다. 이러한 형태의 책은 시간이 지나면서 쉽사리 배열이 흐트러진다. 그래서 『도덕경』의 경문이 논리의 순서대로 되어 있지 않은 데다 일부 내용에는 일관성이 없다.

노자는 공자와 동시대 사람이지만, 서로 다른 지역에 거주했고 두 사람이 만났다는 증거는 없지만 만남에 대한 전설은 전해 온다. 노자는 신비로웠고 단순함을 중시했으며 많이 알수록 더욱 적게 이해하게 된다고 생각한 반면 공자는 실용적이었고 질서와 지식을 중시했으며 상세히 아는 게 더 낫다고 생각했다. 고대 국가의 통치자는 『논어論語』의 가르침대로 국가를 다스렸지만, 사람들은 생활 속에서 도를 따랐다.

---

* 중국에서 종이가 발명되기 전, 글자를 기록하던 대나무 조각을 엮어 만든 책.

다음의 새로운 번역본은 도에 관한 경문으로 시작하여 덕과 관련된 경문으로 이어진다. 원본과 유사하겠지만, 이 새로운 번역본은 좀 더 논리적으로 연결되었다고 보며, 보다 매끄러운 논리의 흐름을 좇아 배열했다. 이 번역본의 각 경문에 이전 순서의 번호를 괄호 속에 표기했다. 연결성을 높이려고 각 경문의 일부 구문과 줄을 바꾸었지만, 생략한 부분은 없고 81개의 경문을 모두 포함시켰다.

도에 어긋나는 나이와 성별에 대한 편견을 없애기 위해 가령 '현자'나 '군자' 대신 '참으로 지혜로운 자'를 쓰는 등 단어 일부를 변경했다. 또한 이 번역본은 중국판, 영국판, 미국판의 내용을 비교 분석하여 그 자료를 참고했다. 이것은 나의 1962년도 번역본을 수정한 것이며 그 후 계속 연구하여 내용을 비교분석한 결과를 반영하였다.

도는 완전하고 영원하다 Tao Is Absolute and Eternal

분화되지 않은 완전한 것이 하늘과 땅보다 먼저 있었다[先天地生]. 소리도 없고, 형체도 없으며, 무엇에 의존하지도 않고, 변하지 않으며, 두루 편만하여 계속 움직이지만 없어질 위험이 없다. 가히 만물의 어머니라 할 만하다[可以謂天下母]. 나는 그 이름을 모르지만 도라고 부른다. 구태여 설명하라고 하면 크다[大]고 말하겠다. 크다는 건 끝없이 뻗어간다는 것이며, 끝없이 뻗어간다는 건 아주 멀리 나아가는 것이고, 아주 멀리 나아간다는 건 되돌아가는 것이다. 세상에 큰 것이 네 개 있는데, 사람도 그중 하나다. 사람은 땅을 본받고[人法地], 땅은 하늘을 본받고[地法天], 하늘은 도를 본받고[天法道], 도는 스스로

그러한 자연을 본받는다[道法自然].(25)

有物混成, 先天地生. 寂兮寥兮, 獨立而不改, 周行而不殆, 可以謂天下母.

吾不知其名, 字之曰道, 强爲之名曰大. 大曰逝, 逝曰遠, 遠曰反. 故道大, 天大,

地大, 王亦大. 域中有四大, 而王居其一焉. 人法地, 地法天, 天法道, 道法自然.

도는 말로 표현할 수 없다 Tao Is Beyond Words

도라고 말할 수 있는 도라면 영원한 도가 아니다. 명칭을 붙일 수 있는 것은 영원하지 않다. 명칭을 붙일 수 없는 그것은 하늘과 땅의 시원[天地之始]이다. 명칭을 붙일 수 있는 것은 만물의 어머니이다[有名萬物之母]. 그러므로 언제나 욕심이 없으면 그 신비함을 볼 수 있고, 언제나 욕심이 있으면 그 나타남을 볼 수 있다. 둘 다 근원이 같지만 명칭이 다를 뿐 모두 신비로운 것들이다. 신비 중의 신비이며 모든 신비의 문이다.(1)

道可道非常道, 名可名非常名. 無名天地之始, 有名萬物之母. 故常無欲以觀其妙,

常有欲以觀其徼. 此兩者同, 出而異名, 同謂之玄. 玄之又玄, 衆妙之門.

도는 어디에나 있다 Tao Is Everywhere

도는 비어 있어서 그 쓰임에 차고 넘치는 일이 없다. 심연처럼 깊어서 만물의 근원[萬物之宗]이다. 날카로운 것을 무디게 하고, 얽힌 것을 풀어주며, 빛을 부드럽게 하고, 티끌과 하나가 된다. 깊고 고요하여 무엇인가가 존재하는 것 같다. 누구의 아들인지 난 알 수 없지만 하늘님보다 먼저 존재[象帝之先]했음이 틀림없다.(4)

道沖而用之, 或不盈. 淵兮, 似萬物之宗. 挫其銳, 解其紛, 和其光, 同其塵,

湛兮, 似或存. 吾不知誰之子, 象帝之先.

도는 초자연적이다 Tao Is Super-natural

도는 영원한 실재이며 명칭을 붙일 수 없는 존재이다. 다듬지 않은 통나무처럼 보잘것없어 보이지만 이를 다스릴 자가 세상에는 없다. 왕이나 제후가 도를 지킨다면 모든 것이 저절로 순복할 것이며, 하늘과 땅이 합하여[天地相合] 감로甘露를 내릴 것이고, 명령하지 않아도 백성이 스스로 고르게 될 것이다. 다듬지 않은 통나무가 마름질 당하면 명칭이 생긴다. 명칭이 생기면 멈출 줄도 알아야 한다. 멈출 줄을 알면 위태롭지 않다. 세상이 도로 돌아감은 개천과 계곡의 물이 강이나 바다로 흘러들어가는 것과 같다.(32)

道常無名, 樸, 雖小, 天下莫能臣也. 侯王若能守之, 萬物將自賓, 天地相合以降甘露,

民莫之令而自均. 始制有名. 名亦既有, 夫亦將知止, 知止可以不殆.

譬道之存天下, 猶川谷之於江海.

도의 위대함 The Greatness of Tao

도는 좌우 어디에나 있으며, 만물이 이에 의지하여 살아가지만 이를 마다하지 않고, 일을 이루고도 스스로를 드러내지 않는다. 만물이 존재할 수 있게 해주지만 그 주인 노릇을 하려고 하지 않는다. 언제나 욕심이 없어 '작음[小]'이라고 부른다. 만물이 모여들지만 주인 노릇을 하려고 하지 않으므로 '큼[大]'이라고 부른다. 그러므로 참으로 지혜로운 사람은 스스로 위대하다고 하지 않는다[可名爲大]. 그렇기 때문에 위대한 일을 이룰 수 있다.(34)

大道氾兮, 其可左右. 萬物恃之而生而不辭. 功成不名有, 衣養萬物而不爲主.

常無欲, 可名於小, 萬物歸焉而不爲主, 可名爲大. 以其終不自爲大, 故能成其大.

도는 당겨진 활과 같다 Like a Drawn Bow

하늘의 도는 활을 당기는 것과 같다. 높은 쪽을 누르고 낮은 쪽을 올린다. 남으면 덜어주고 모자라면 보태준다. 하늘의 도는 남는 데서 덜어내어 모자라는 데 보태지만 사람의 도는 그렇지 않아 모자라는 데서 덜어내어 남는 데 바친다. 남도록 가진 사람으로 세상을 위해 봉사할 수 있는 사람 누구인가? 도 있는 사람만이 그렇게 할 수 있다. 따라서 참으로 지혜로운 사람은 할 것을 모두 이루지만 거기에 기대려고 하지 않으며, 공을 쌓지만 그 공을 주장하지 않는다. 자기의 현명함을 드러내지 않으려고 하기 때문이 아니겠는가?(77)

天地道, 其猶張弓與, 高者抑之, 下者擧之. 有餘者損之, 不足者補之.

天地道, 損有餘而補不足, 人之道, 則不然, 損不足而奉有餘.

熟能有餘以奉天下. 唯有道者. 是以聖人爲而不恃, 功成而不處, 其不欲見賢.

집에서의 도 Tao in the Home

집을 나서지 않아도[不出戶] 세상을 알 수 있다[知天下]. 창으로 내다보지 않고도 하늘의 도를 볼 수 있다. 멀리 나가면 나갈수록 그만큼 덜 알게 된다. 따라서 참으로 지혜로운 사람은 돌아다니지 않고도 알며, 보지 않고도 훤하고, 억지로 하는 일 없이도 모든 것을 이룬다.(47)

不出戶, 知天下. 不闚牖, 見天道. 其出彌遠, 其知彌少.

是以聖人不行而知, 不見而名, 不爲而成.

도의 길을 걸어라 Walk the Path

나에게 겨자씨만 한 앎이 있다면 대도의 길 걸으며[行於大道] 이에서 벗어날까 두려워하겠다. 대도의 길은 그지없이 평탄한데도 사람들은 곁길[徑]만 좋아한다. 궁전은 화려하지만 밭에는 잡초가 무성하여 곳간이 텅 비었다. 잘 차려 입고 값비싼 보석과 보검으로 치장하며 실컷 먹고 마시며 많은 돈과 재산을 소유하는 것은 도둑이 아니고 무엇이겠는가? 이는 도의 길이 아니다.(53)

使我介然有知, 行於大道, 惟施是畏. 大道甚夷, 而民好徑.

朝甚除, 田甚蕪, 倉甚虛, 服文綵, 帶利劍, 厭飮食, 財貨有餘, 是爲盜夸. 非道也哉.

도가 없으니 Without Tao

대도大道가 폐하면 인仁이니 의義니 하는 것이 나서고, 지략이니 지모니 하는 것이 설치면 엄청난 위선大僞이 만연하게 된다. 가족관계가 조화롭지 못하면 효孝니 자慈니 하는 것이 나서고, 나라가 어지러워지면 충신忠臣이 생겨난다.(18)

大道廢, 有仁義. 慧智出, 有大僞. 六親不和, 有孝慈. 國家昏亂, 有忠臣.

존재하는 비존재 Existent Nonexistence

보아도 보이지 않는 것을 이夷라 한다. 들어도 들리지 않는 것을 희希라 한다. 잡아도 잡히지 않는 것을 미微라 한다. 이 세 가지로도 밝혀낼 수 없는 것, 세 가지가 하나로 혼연일체를 이룬 상태. 그 위라서 더 밝은 것[皦]도 아니고, 그 아래라서 더 어두운 것[昧]도 아니다. 끝없이 이어지므로(승승繩繩) 명칭을 붙일 수가 없다. 결국 없음의 세계로 돌아간다. 이를 일러 모양 없는 모양[無狀之狀], 아무것도 없음의 형상[無物之象]이라고 한다. 가히 황홀이라고 하겠다. 앞에서 맞이해도 그 머리를 볼 수 없으며 뒤에서 따라 가보아도 그 뒤를 볼 수가 없다. 태고의 도를 가지고 오늘의 일[有]을 처리하라. 태고의 시원을 알 수 있을 것이다. 이를 일컬어 도의 실마리[道紀]라고 한다.(14)

視之不見, 名曰夷. 聽之不聞, 名曰希. 搏之不得, 名曰微.

此三者, 不可致詰, 故混而爲一. 其上不皦, 其下不昧. 繩繩不可名.

復歸於無物, 是謂無狀之狀, 無物之象. 是謂惚恍.

迎之不見其首, 隨之不見其後. 執古之道, 以御今之有, 能之古始, 是謂道紀.

없음의 가치 The Value of Nonexistence

서른 개의 바퀴살[輻]이 바퀴통[轂]에 모이는데, 축 안의 빈 존재 덕분에 수레의 쓸모가 생겨난다[有車之用]. 흙을 이겨 그릇을 빚는데, 그 가운데 빈 존재 덕분에 그릇의 쓸모가 생겨난다. 문과 창을 뚫어 방을 만드는데, 그 가운데 빈 존재 덕분에 방의 쓸모가 생겨난다. 따라서 있음은 이로움을 위한 것이지만 빈 존재는 쓸모가 생겨나게 하는 것이다.(11)

三十輻共一轂, 當其無, 有車之用. 埏埴以爲器, 當其無, 有器之用.

鑿戶牖以爲室, 當其無, 有室之用. 故有之以爲利, 無之以爲用.

무에서 나온 유 Existence from Nonexistence

되돌아감이 도의 움직임이다. 약함이 도의 쓰임새이다. 만물이 있음[有]에서 생겨났고 있음은 없음[無]에서 생겨났다.(40)

反者道之動. 弱者道之用. 天下萬物生於有, 有生於無.

도의 넓은 그물 The Wide Net of Tao

감행함에 있어 용감한 사람은 죽임을 당하고, 감행하지 않음에 있어 용감한 사람은 살아남는다. 둘 가운데 하나는 이롭지만 다른 하나는 해롭다. 하늘이 싫어하는 것에 대한 까닭을 누가 알겠는가? 참으로 지혜로운 사람도 그것을 어려운 것으로 여긴다. 하늘의 도는 겨루지 않고도 훌륭히 이기는 것이며, 말하지 않고도 훌륭히 응답하는 것이고, 부르지 않아도 저절로 찾아오는 것이며, 느슨하면서도[繟然] 훌륭히 꾸미는 것이다. 하늘의 그물[天網]은 광대하여[恢恢] 엉성한 것 같지만 놓치는 일이 없다.(73)

勇於敢則殺, 勇於不敢則活. 此兩者,,或利或害, 天之所惡, 孰知其故.

是以聖人猶難之. 天之道, 不爭而善勝, 不言而善應, 不召而自來,

繟然而善謀. 天網恢恢, 疎而不失.

넉넉하다는 만족감 Content Contentment

사람들이 도를 따르면 달리는 말[走馬]이 그 거름으로 땅을 비옥하게 한다. 사람들이 도를 버리면 전쟁에 끌려간 말[戎馬]이 성 밖에서 새끼를 치게 된다. 화禍로 말하면 만족할 줄 모르는 것보다 더 큰 것이 없으며, 허물[咎]로 말하면 갖고자 하는 욕심보다 더 큰 것이 없다. 따라서 만족할 줄 아는 데서 얻는 즐거움만이 영원한 즐거움이다.(46)

天下有道, 却走馬以糞. 天下無道, 戎馬生於郊. 禍莫大於不知足, 咎莫大於欲得.

故知足之足, 常足矣.

도는 어리석어 보인다 Tao Seems Foolish

사람들은 도가 위대하지만 똑똑하지는 않다고 말한다. 크기 때문에 똑똑하지 않게 보이는 것이다. 똑똑했다면 오래전에 작게 되고 말았을 것이다. 도에는 세 가지 보배[三寶]가 있는데, 자애[慈], 검약[儉], 세상에 앞서려고 하지 않음[不敢爲天下先]이다. 자애 때문에 용감해지고, 검약 때문에 널리 베풀 수 있으며, 세상에 앞서려고 하지 않음 때문에 큰 그릇들의 으뜸이 될 수 있다. 이제 자애를 버린 채[舍] 용감하기만 하고 검약을 버린 채 베풀기만 하며 뒤에 서는 태도를 버린 채 앞서기만 한다면 이는 사람을 죽이는 일이다. 자애로 싸우면 이기고 자애로 방어하면 튼튼하다. 하늘도 사람들을 구하고자 하면 자애로 그들을 호위한다.(67)

天下皆謂我道大, 似不肖. 夫唯大, 故似不肖, 若肖, 久矣其細也夫.

我有三寶, 持而保之, 一曰慈, 二曰儉, 三曰不敢爲天下先.

慈故能勇, 儉故能廣, 不敢爲天下先, 故能成器長.

今舍慈且勇, 舍儉且廣, 舍後且先, 死矣. 夫慈以戰則勝, 以守則固, 天將救之, 以慈衛之.

도에서의 덕 Teh in Tao

도道는 만물을 낳고, 덕德은 만물을 기르며, 물物은 만물을 보이게 하고, 세勢는 만물을 완성시킨다. 그래서 만물이 도를 존중하고 덕을 귀하게 여기지 않을 수 없는 것이다. 도를 존중하고 덕을 귀하게 여기는 것은 명령 때문이 아니라 저절로 그렇게 되는 것이다.(51)

道生之, 德畜之, 物形之, 勢成之. 是以萬物莫不尊道而貴德. 道之尊, 德之貴,

夫莫之命而常自然. 故道生之, 德畜之, 長之, 育之, 亨之, 毒之, 養之, 覆之.

生而不有, 爲而不恃, 長而不宰, 是謂玄德.

덕의 범위 The Scope of Teh

도에 굳건히 선 사람은 뽑히지 않고, 도를 확실히 품은 사람은 떨어져나가지 않는다. 그 자손은 대대로 제사를 그치지 않을 것이다. 도를 자신에게 실천하면 그 덕이 참될 것이며, 가정에서 실천하면 그 덕이 넉넉하게 될 것이고, 마을에서 실천하면 그 덕이 자라날 것이며, 나라에서 실천하면 그 덕이 풍성해질 것이고, 세상에서 실천하면 그 덕이 두루 퍼질 것이다. 그러므로 자신으로 자신을 보고, 가정으로 가정을 보며, 마을로 마을을 보고, 나라로 나라를 보며, 세상으로 세상을 보아라.(54)

善建者不拔, 善抱者不脫. 子孫以祭祀不輟. 修之於身, 其德乃眞, 修之於家, 其德乃餘,

修之於鄕, 其德乃長, 修之於國, 其德乃豊, 修之於天下, 其德乃普. 故以身觀身,

以家觀家, 以鄕觀鄕, 以國觀國, 以天下觀天下. 吾何以知天下之然哉, 以此.

보이는 것과 보이지 않는 것 The Seen and Unseen

덕은 도에서 흘러나온다. 도는 자연, 보이지 않는 것, 만져지지 않는 것, 분명하지 않은 것에서 흘러나온다. 도는 황홀하기 그지없으나 그 속에 형상[象]이 있고, 질료[物]가 있으며, 알맹이[精]가 있다. 알맹이는 참된 것으로 그 속에는 미쁨*이 있다. 이렇듯 도는 보이지 않지만 인식할 수 있으며, 만져지지 않지만 느낄 수 있고, 분명하지 않지만 이해할 수 있다. 도에는 기본적인 생명력이 있다. 이것은 예부터 참이고 자명하다.(21)

孔德之容, 惟道是從, 道之爲物, 惟恍惟惚, 惚兮恍兮, 其中有象, 恍兮惚兮, 其中有物,

窈兮冥兮, 其中有精, 其精甚眞, 其中有信. 自古及今, 其名不去, 以閱衆甫.

吾何以知衆甫之狀哉, 以此.

옛날의 덕 Teh of the Ancient

옛날에 도를 따르던 자들은 미묘현통微妙玄通하여 그 깊이를 알 수 없었다. 드러난 모습으로 설명한다면 겨울에 강을 건너는 사람처럼 조심스러웠고, 낮

---

* 믿음직하게 여기는 마음.

선 땅을 여행하는 사람처럼 주위를 경계했다. 녹고 있는 얼음처럼 맺힘이 없고, 다듬지 않은 통나무처럼 소박하며, 계곡처럼 트이고, 흙탕물처럼 탁하다. 탁한 것을 고요히 하여 점점 맑아지게 할 수 있는 이가 누구일까? 도를 따르는 자는 채워지기를 바라지 않는다. 그렇기 때문에 멸망하지 않고 영원히 새로워지는 것이다.(15)

古之善爲士者, 微妙玄通, 深不可識, 夫唯不可識, 故强爲之容. 豫焉, 若冬涉川, 猶兮,

若畏四隣, 儼兮, 其若客, 渙兮, 若氷之將釋, 敦兮, 其若樸, 曠兮, 其若谷, 混兮, 其若濁.

孰能濁以靜之徐淸. 孰能安以之久動之徐生. 保此道者不欲盈, 夫唯不盈, 故能蔽不新成.

덕을 아는 사람 Teh Knowing

아는 사람은 말이 없고, 말하는 사람은 알지 못한다. 아는 사람은 날카로운 것을 무디게 하고, 얽힌 것을 풀어주며, 빛을 부드럽게 하고, 티끌과 하나가 된다. 이것이 신비스러운 하나됨[玄同]이다. 이것은 받아들이거나 거부할 것도 없고 이롭거나 해로울 것도 없으며 더 나아지거나 나빠지는 것도 없는 신비로운 화합이며 따라서 귀중한 보배이다.(56)

知者不言, 言者不知. 塞其兌, 閉其門, 挫其銳, 解其分, 和其光, 同其塵, 是謂玄同.

故不可得而親, 不可得而疏, 不可得而利, 不可得而害, 不可得而貴, 不可得而賤. 故爲天下貴.

적은 것에서 많은 것을 More from Less

참으로 지혜로운 자는 도에 대해 들으면 힘써 행하려고 하지만, 다른 사람들은 도에 대해 들으면 망설이고 못난 사람들은 도에 대해 들으면 비웃는다. 웃음거리가 되지 않으면 도가 아닐 것이다. 예로부터 이르기를 진보는 퇴보처럼 보이고, 곧은길은 구부러져 보이며, 넓은 덕은 모자라는 것처럼 보이고,

강한 덕은 하찮은 것처럼 보이며, 충분한 덕은 불충분해 보이고, 큰 공간에 모서리가 없으며, 큰 그릇은 더디 이뤄지고, 큰 소리는 거의 들리지 않으며, 큰 모양에 형체가 없다고 했다. 도는 그처럼 형체가 없고 숨겨져 있으며 드물지만 만물에 활기를 북돋아 준다.(41)

上士聞道, 勤而行之, 中士聞道, 若存若亡, 下士聞道, 大笑之, 不笑, 不足以爲道.

故建言有之; 明道若昧, 進道若退, 夷道若纇. 上德若谷, 大白若辱, 廣德若不足.

建德若偷, 質眞若渝, 大方無隅, 大器晚成, 大音希聲, 天象無形. 道隱無名, 夫唯道善貸且成.

말, 사실, 행동 Words, Facts, Acts

진리가 반드시 감동적인 것은 아니고 감동적인 말이 항상 진리는 아니다. 덕이 있는 사람은 다툴 필요가 없으며 다투는 사람에게는 덕이 없다. 아는 사람은 박식하지 못하고 박식한 사람은 알지 못한다. 도는 사람들을 이롭게 할 뿐 해롭게 하는 일이 없다. 덕이 있는 사람은 다른 사람에게 활기를 주므로 활기로 가득 차 있고 자신을 기꺼이 베풀기 때문에 부유하다. 도는 사람들을 이롭게 할 뿐 해로운 일은 하지 않는다. 도는 하는 일이 있더라도 겨루지 않는다.(81)

信言不美, 美言不信. 善者不辯, 辯者不善. 知者不博, 博者不知. 聖人不積.

旣以爲人己愈有, 旣以與人己愈多. 天之道, 利而不害, 聖人之道, 爲而不爭.

덕의 힘 Teh Strength

다른 사람을 아는 것은 지혜롭지만 자신을 먼저 아는 것은 더 지혜롭다. 다른 사람을 지배하는 것은 강한 것이지만 자신을 지배하는 것이 더 강한 것이다. 참으로 지혜로운 자는 꼭 필요한 만큼 갖는 것에 만족하기 때문에 자

급자족할 수 있다. 꼭 필요한 속도로 움직이기 때문에 자신의 본성에 충실
하다. 이들은 진실하기 때문에 오래가며 사람들에게 기억되기 때문에 영원히
산다.(33)

知人者智, 自知者明. 勝人者有力, 自勝者强.

知足者富, 强行者有志. 不失其所者久, 死而不亡者壽.

더 적은 것이 더 많은 것이다 Less Is More

세계가 그대를 아는 것과 그대가 자기 자신을 아는 것 중 무엇이 더 중요한
가? 돈과 그대의 마음 중 무엇이 더 귀한가? 얻는 것과 잃는 것, 어느 것이 중
요한가? 지나치게 얻으려고 하면 그만큼 낭비기 심해지고, 너무 많이 얻으면
그만큼 잃게 된다. 만족할 줄 아는 사람은 부끄러움을 당하지 않고 적당할 때
멈출 줄 아는 사람은 위태로운 일을 당하지 않는다. 그리하여 영원한 삶을 살
게 되는 것이다.(44)

名與身孰親, 身與貨孰多. 得與亡孰病. 是故甚愛必大費, 多藏必厚亡.

知足不辱, 知止不殆, 可以長久.

덕이 있는 자와 없는 자 Have and Have Not

덕이 있는 자는 자신의 덕을 의식하지 않는다. 그것이 참으로 덕이 있다
는 증거다. 덕을 자랑하는 자에게는 덕이 없다. 덕은 사사로움이 없고 이기적
이지 않다. 덕을 따르는 사람은 억지로 일하지 않는다. 억지로 일할 까닭이
없다. 덕을 따르지 않는 사람은 억지로 일한다. 억지로 일할 까닭이 많다. 덕
을 따르는 사람은 내면의 더 심오한 진실에 초점을 맞추기 때문에 오래간다.
진리는 받아들이지만 겉모습은 받아들이지 않는다. 그러므로 대장부大丈夫는

두꺼운 데 머무르고 얄팍한 데 거하지 않는다. 열매에 머무르고 꽃에 거하지
않는다.(38)

上德不德, 是以有德, 下德不失德, 是以有德. 上德無爲而無以爲, 下德爲之而有以爲.

上仁爲之而無以爲, 上義爲之而有以爲, 上禮爲之而莫之應, 則攘臂而仍之.

故失道而後德, 失德而後仁, 失仁而後義, 失義而後禮. 夫禮者忠信之薄, 而亂之首,

前識者, 道之華, 而愚之始. 是以大丈夫處其厚, 不居其薄, 處其實, 不居其華, 故去彼取此.

물처럼 되려는 동기 Water Motive

가장 훌륭한 것은 물처럼 되는 것이다. 물은 생명을 유지하는 데 필수적이
지만 스스로 중요하다고 내세우지 않는다. 물은 모두가 싫어하는 가장 낮은
곳을 향해 흐를 뿐이다. 그러기에 물은 도와 가장 가까운 것이다. 물은 온갖
것을 위해 섬길 뿐 그것들과 겨루는 일이 없다. 겨루는 일이 없으므로 나무람
받을 일도 없다.(8)

上善若水. 水善利萬物而不爭, 處衆人之所惡, 故幾於道.

居善地, 心善淵, 與善仁, 言善信, 正善治, 事善能, 動善時. 夫唯不爭, 故無尤.

물의 힘 Water Power

세상에 물보다 더 부드럽고 여린 것은 없다. 그러나 단단하고 힘센 것을 불
리치는 데 물보다 훌륭한 것은 없다. 약한 것이 강한 것을 제압할 수 있으며
유연한 것이 잘 휘지 않는 것을 이길 수 있다. 이러한 이치를 모르는 사람이
없지만 실천하는 사람은 드물다. 성인은 말하기를 "나라의 더러운 일을 떠맡
는 사람이 사직을 맡을 사람이고 나라의 궂은일을 떠맡는 사람이 세상의 임
금"이라고 말했다. 진리는 비논리적으로 보일 수도 있다.(78)

天下莫柔弱於水, 而攻堅强者莫之能勝. 以其無以易之.

弱之勝强, 柔之勝剛, 天下莫不知, 莫能行.

是以聖人云, 受國之垢, 是謂社稷主, 受國不祥, 是爲天下王. 正言若反.

영원히 변함없는 The Eternal Constant

자신을 열고 내면의 조화를 실현하라. 만인과 만물과 하나가 되라. 마음이 산만하면 자연으로 돌아가라. 자연으로 돌아가면 내면의 조화를 찾게 되고 내면의 조화를 찾으면 자신의 운명을 알 수 있다. 자신의 운명을 알면 영원히 변함없는 것을 알 수 있다. 영원히 변함없는 것을 알면 위대한 지혜에 도달한다. 이를 알지 못하는 것은 큰 불행이다. 영원한 것을 일면 너그러워지고 너그러워지면 공평해진다. 공평해지면 왕처럼 된다. 왕처럼 되면 하늘처럼 된다. 하늘처럼 되면 도처럼 된다. 도처럼 되면 영원히 사는 것이다. 몸이 다하는 날까지 두려울 것이 없다.(16)

致虛極, 守靜篤. 萬物竝作, 吾以觀復. 夫物芸芸, 各復歸其根, 歸根曰靜.

是謂復命, 復命曰常, 知常曰明. 不知常, 妄作凶. 知常容, 容乃公.

公乃王, 王乃天. 天乃道, 道乃久, 沒身不殆.

말을 아껴라 Sparing Talk

자연은 말을 아낀다. 대단히 강한 바람이나 세찬 비도 오래 가지 못한다. 이들은 어디에서 왔는가? 자연에서 왔다. 자연도 이처럼 이런 일을 오래 할 수 없거늘 하물며 사람이 어찌 그럴 수 있겠는가? 그러므로 도를 따르는 사람은 도와 하나가 되고, 덕을 따르는 사람은 덕과 하나가 되며, 잃음을 따르는 사람은 잃음과 하나가 된다. 도를 환영하면 도가 그대를 환영할 것이다.

덕을 환영하면 덕이 그대를 환영할 것이다. 잃음을 환영하면 잃음이 그대를
환영할 것이다. 믿음이 없다면 누구도 그대를 믿지 않을 것이다.(23)

希言自然. 故飃風不終朝, 驟雨不終日. 孰爲此者, 天地. 天地尙不能久, 而況於人乎.

故從事於道者, 同於道, 德者, 同於德, 失者, 同於失. 同於道者, 道亦樂得之,

同於德者, 德亦樂得之, 同於失者, 失亦樂得之. 信不足焉, 有不信焉.

계속 나아가기 Moving On

안정된 상태에 있을 때 유지하기 쉽고, 기미가 나타나기 전에 도모하기 쉬
우며, 취약할 때 부서뜨리기 쉽고, 미세할 때 흩어버리기 쉽다. 아직 일어나
지 않은 일은 쉽게 예상할 수 있다. 마음이 고요하면 마음의 고통을 막을 수
있다. 아름드리나무도 작은 새싹이 자란 것이며 아홉 층 누각도 한 무더기
의 흙을 쌓아 올린 것이다. 천 리 길도 한 걸음부터 시작된다. 지나치면 실패
할 수 있고 도를 넘으면 놓칠 수 있다. 참으로 지혜로운 사람은 지나치지 않
기 때문에 아무것도 망치지 않는다. 도를 넘지 않기 때문에 아무것도 잃지 않
는다.

참으로 지혜로운 자는 하찮게 여겨지는 것을 가치 있게 생각한다. 참으
로 지혜로운 사람은 욕심을 없애려는 욕심만 있고, 귀하다고 하는 것을 귀히
여기지 않으며, 배우지 않음을 배우고, 사람들이 지나쳐버리는 것으로 돌아
간다. 만인과 만물을 돕고 자연과 자신의 본성을 따르기 때문에 순리를 거스
르지 않는다.(64)

其安易持, 其未兆易謀, 其脆易泮, 其微易散, 爲之於未有, 治之於未亂.

合抱之木, 生於毫末, 九層之臺, 起於累土, 千里之行, 始於足下.

爲者敗之, 執者失之, 是以聖人無爲故無敗, 無執故無失. 民之從事,

常於幾成而敗之, 愼終如始, 則無敗事. 是以聖人欲不欲, 不貴難得之貨,

學不學, 復衆人之所過. 以萬物之自然而不敢爲.

악에 있는 선 Good in Evil

도는 만물의 원천이고 선한 자의 보배이며 악한 자의 은신처이다. 거창한 말과 행동이 악한 자를 위해 이용될 수 있다. 이런 말과 행동을 왜 거부하겠는가? 천자天子를 옹립하고 삼공三公*을 임명할 때 네 필 말이 끄는 수레를 앞세우고 아름드리 옥玉을 바치지만, 오히려 무릎을 꿇고 도를 바치는 것이 낫다. 옛 사람들이 왜 도를 중요하게 여겼겠는가? 도로써 구하면 얻고, 죄가 있어도 이로써 면할 수 있기 때문이다. 따라서 세상이 도를 귀히 여기는 것이다[故爲天下貴].(62)

道者萬物之奧, 善人之寶, 不善人之所保. 美言可以市, 尊行可以加人,

人之不善, 何棄之有. 故立天子, 置三公, 雖有拱璧以先駟馬, 不如坐進此道,

古之所以貴此道者何. 不曰以求得, 有罪以免邪, 故爲天下貴.

긍정적 무관심 Positive Indifference

자연은 생명에 무심하다. 만인과 만물을 대할 때 제물로 바친 지푸라기 개처럼 다룬다. 참으로 지혜로운 자도 이처럼 무심하다. 백성을 모두 지푸라기 개처럼 다룬다. 하늘과 땅 사이는 풀무의 바람통이다. 비어 있지만 다함이 없으며, 움직일수록 더 많은 것을 내놓는다. 말이 많으면 궁지에 몰린다. 중심[中]을 지키는 것보다 더 좋은 건 없다.(5)

---

* 중국 최고의 관직으로 천자(임금)을 보좌하던 세 벼슬.

天地不仁, 以萬物爲芻狗. 聖人不仁, 以百姓爲芻狗. 天地之間其猶橐籥乎,

虛而不屈, 動而愈出. 多言數窮, 不如守中.

덕의 비밀 Teh Security

덕이 있는 사람은 독충과 독사에 물리지 않고 맹수와 맹금에게 공격당하지 않는 어린이와 같다. 그 뼈도 약하고 그 힘줄도 부드러우나 그 잡는 힘은 단단하다. 성욕을 느끼지 못할 정도로 어리지만 건강하게 자라고 자신의 감정을 자유롭게 표현한다. 이것이 완전한 조화다. 조화를 아는 것이 영원이고 영원을 아는 것이 밝음이다. 수명을 더하려는 것은 불길한 일이며 마음으로 기를 부리려고 하는 것은 강포이다. 무엇이든 기운이 지나치면 쇠하기 마련인데 도가 아니기 때문이다.(55)

含德之厚, 比於赤子. 蜂蠆蜂蛇不螫, 猛獸不據, 攫鳥不搏. 骨弱筋柔而握固,

未知牝牡之合而全作, 精之至也. 終日號而不嗄, 和之至也. 知和曰常, 知常曰明.

益生曰祥, 心使氣曰强. 物壯則老, 謂之不道. 不道早已.

두 배의 깨우침 Double Enlightenment

잘 달리는 사람은 달린 자국을 남기지 않는다. 말을 잘하는 사람은 오해를 받지 않는다. 좋은 계획에는 상세한 주석이 필요 없다. 경비가 잘 되는 곳은 자물쇠나 울타리에 의지하지 않는다. 잘 묶은 매듭은 단단히 묶지 않아도 쉽게 풀리지 않는다. 참으로 지혜로운 사람은 항상 사람들을 도와주고 아무도 버리지 않는다. 물건을 아끼고 아무것도 버리지 않는다. 이를 일컬어 오묘한 깨달음을 얻었다고 한다. 따라서 선한 자는 악한 자에게 가르침이 되고 선하지 않은 자는 선한 자에게 가르침이 된다. 이러한 스승과 제자를 귀하게 여기

지 않는 사람은 영리하다 하더라도 잘못 이해한 것이다. 이것은 미묘한 지혜이다.(27)

善行無轍迹. 善言無瑕讁. 善數不用籌策. 善閉無關楗而不可開. 善結無繩約而不可解.

是以聖人常善救人, 故無棄人. 常善救物. 故無棄物. 是謂襲明. 故善人者,

不善人之師. 不善人者, 善人之資. 不貴其師, 不愛其資, 雖智大迷. 是謂要妙.

덕의 신뢰 Teh Trust

참으로 지혜로운 사람에게는 고정된 마음이 없다. 백성의 마음을 자기 마음으로 삼는다. 선한 사람을 선하게 대하고 선하지 않은 사람도 선하게 대한다. 그리하여 선이 이뤄진다. 신의가 있는 사람에게 신의로 대하고 신의가 없는 사람에게도 신의로 대한다. 그리하여 신의가 이뤄진다. 참으로 지혜로운 사람은 모든 사람을 포용하고 그의 마음에 일체의 분별심이 없다. 참으로 지혜로운 사람은 순진한 아이와 같이 만인을 가족으로 받아들인다.(49)

聖人無常心, 以百姓心爲心. 善者吾善之, 不善者吾亦善之, 德善. 信者吾信之,

不信者吾亦信之, 德信. 聖人在天下歙歙焉, 爲天下渾其心. 百姓皆注其耳目焉, 聖人皆孩之.

죽음 속의 생명 Life in Death

죽음이 찾아오면 생명이 떠난다. 삶의 길을 선택하는 사람이 십분의 삼이고, 죽음의 길을 선택하는 사람이 십분의 삼이며, 태어나서 죽음의 자리로 가는 사람도 십분의 삼이다. 모두 삶에 지나치게 집착한다. 삶의 균형이 죽음을 향해 기울어진다. 이를 아는 사람은 외뿔 난 들소나 호랑이를 만나지 않고 전쟁터에서 무기의 상해도 입지 않는다. 들소는 그 뿔로 받을 곳이 없고, 호랑이는 그 발톱으로 할퀼 곳이 없으며, 무기는 파고들 곳이 없다. 아직 죽을 때

가 되지 않았기 때문이다.(50)

出生入死, 生之徒十有三, 死之徒十有三. 人之生, 動之死地, 亦十有三.

夫何故, 以其生生之厚. 蓋聞, 善攝生者, 陸行不遇兕虎, 入軍不被甲兵.

兕無所投其角, 虎無所措其瓜, 兵無所容其刃. 夫何故, 以其無死地.

오해를 이해하기 Understand Misunderstanding

내가 전하는 말은 이해하기 쉽고 실천하기도 쉽지만 사람들이 도무지 이해하지 못하고 실천하지 못한다. 내가 하는 말은 예로부터 전해온 말이고 내 행동에는 의미와 목적이 있다. 이를 이해하지 못하면 나를 이해하지 못하는 것이다. 내 말을 이해하는 자는 드물지만 그 때문에 그 사람들은 더 유리하다. 이는 내가 말하고 행하는 것에 가치가 있다는 증거이기 때문이다. 평범한 옷을 걸치고 마음속에 보배를 품는 것이 더 낫다.(70)

吾言甚易知, 甚易行, 天下莫能知, 莫能行. 有言宗, 事有君,

夫唯無知, 是以不我知. 知我者希, 則我者貴. 是以聖人被褐懷玉.

비슷한 차이 Similar Differences

사람들 모두가 아름다움을 아름다움으로 알아보는 자체가 추함이 있다는 것을 의미한다. 착한 것을 착한 것으로 알아보는 자체가 착하지 않음이 있다는 것을 의미한다. 서로 반대되는 것들에는 똑같은 근본적인 에너지가 있다. 존재와 비존재는 원인과 결과만 다르고 쉬움과 어려움은 그 정도만 다르다. 가까운 것과 먼 것은 거리가 다르고 낮음과 높음은 높이가 다르다. 날카로운 소리와 낮은 소리는 음조가 다르며 이전과 이후는 시간이 다를 뿐이다. 참으로 지혜로운 사람은 이를 받아들이고 차이가 있거나 말이 달라도 행한다. 무위無爲로써 일을 처리하고 말로 하지 않는 가르침을 행한다. 참으로 지혜로운 사람은 모든 것을 받아들이고 아무것도 거부하지 않는다. 생산적이되 소유욕이 없어서 자신이 한 일에 대해 공을 주장하지 않는다. 공을 내세우지 않아서 이룬 일이 허사가 되지 않는다.(2)

天下皆知美之爲美, 斯惡已. 皆知善之爲善, 斯不善已. 故有無相生, 難易相成,

長短相形較, 高下相傾, 音聲相和, 前後相隨. 是以聖人處無爲之事, 行不言之敎.

萬物作焉而不辭, 生而不有, 爲而不恃. 功成而弗居, 夫唯弗居, 是以不去.

극단의 위험1 The Danger of Extremes1

극단은 위험하다. 넘치도록 가득 채우는 것보다 직당할 때 멈추는 것이 좋다. 활시위를 너무 많이 당기면 일찍 놓아버리게 된다. 칼날을 너무 많이 갈면 금방 무디어지고 집을 비취와 금으로 채우면 도둑이 든다. 건방지고 오만하면 금방 실패한다. 목표에 이르면 만족하고 더 멀리 가지 마라. 이것이 도의 길이다.(9)

持而盈之, 不如其已, 揣而銳之, 不可長保. 金玉滿堂, 莫之能守,

富貴而驕, 自遺其咎. 功遂身退, 天之道.

극단의 위험2 The Risk of Extremes2

발끝으로 서면 누구라도 불안정하며 큰 걸음으로 걸으면 누구라도 그 보폭을 오래 유지할 수 없다. 자신을 과시하는 자는 밝게 빛날 수 없으며 영광을 좇는 자는 최고 지도자가 될 수 없다. 독선적인 자는 사람들의 존경을 잃고 자기중심적인 사람은 사람들의 사랑을 잃는다. 도를 따르는 사람들에게 이러한 행동은 밥찌꺼기 군더더기 같은 것으로 모두가 싫어하는 것이다. 참

<u>으로</u> 지혜로운 사람은 이런 일에 집착하지 않는다.(24)

企者不立. 跨者不行. 自見者不明. 自是者不彰. 自伐者無功. 自矜者不長.

其在道也, 曰餘食贅行, 物咸惡之. 故有道者不處.

왜 극단을 피할까? Why Avoid Extremes?

세상을 얻으려는 자는 필경 세상을 잃을 것이다. 세상은 신성하며 손이 닿지 않는 곳에 있다. 세상을 잡으려 하는 것은 순리를 거스르는 행동이다. 도에 의하면 어떤 것은 앞으로 나가고 어떤 것은 물러난다. 빠르게 움직이는 것이 있는가 하면 천천히 움직이는 것도 있다. 강한 것이 있는가 하면 약한 것도 있고, 꺾이는 것이 있는가 하면 떨어지는 것도 있다. 따라서 참으로 지혜로운 사람은 극단과 지나침, 과장을 피한다.(29)

將欲敢天下而爲之, 吾見其不得己. 天下神器, 不可爲也. 爲者敗之, 執者失之.

故物或行或隨, 或歔或吹, 或强或羸, 或載或隨. 是以聖人去甚去奢去泰.

음양 Yin-Yang

신비로운 양과 신비로운 음을 지니면 세상이 흘러가는 시냇물처럼 되는 것과 같다. 그렇게 되면 갓난아기의 상태로 돌아가게 된다. 양의 빛과 음의 그림자를 지니면 높은 수준에 오르게 된다. 높은 수준에 오르면 덕과 도가 연결된다. 영광을 알면서 오욕을 유지하라. 세상의 골짜기가 될 것이다. 세상의 골짜기가 되면 영원한 덕이 풍족하게 되며 다듬지 않은 통나무의 상태로 돌아가게 될 것이다. 참으로 지혜로운 사람은 다듬지 않은 통나무를 사용하여 지도자가 된다. 정말로 훌륭한 지도자는 자르는 일을 하지 않는다.(28)

知其雄, 守其雌, 爲天下谿. 爲天下谿, 常德不離, 復歸於嬰兒.

知其白, 守其黑, 爲天下式. 爲天下式, 常德不忒, 復歸於無極.

知其榮, 守其辱, 爲天下谷. 爲天下谷, 常德乃足, 復歸於樸. 樸散則爲器.

聖人用之, 則爲官長, 故大制不割.

화합은 균형이다 Unity Is Balance

도에는 화합, 즉 완전히 일치된 하나가 있다. 하나는 두 배가 되는 원천이고 두 배는 세 배가 되는 원천이다. 세 배는 만물의 원천이다. 만물의 뒤에는 신비로운 음의 그림자가 드리워져 있고 앞에는 신비로운 양의 빛이 있다. 음과 양이 상호작용하여 조화를 이룬다. 이는 마치 숨을 들이마셨다 내쉬는 것과 같다. 홀로 남거나 불천개이 되는 것은 두렵지만 이것은 최고 지도지기 지기를 가리키는 이름이다. 그러므로 잃음으로 얻기도 하고 얻음으로 잃는 일도 있다. 패배가 이롭고 승리가 해로울 수 있다. 나는 이전에 많은 사람들에게서 들은 중요한 가르침을 전한다. 폭력은 폭력으로 끝난다.(42)

道生一, 一生二, 二生三, 三生萬物. 萬物負陰而抱陽, 沖氣以爲和.

人之所惡, 唯孤寡不穀, 而王公以爲稱. 故物或損之而益, 或益之而損.

人之所敎, 我亦敎之. 强梁者不得其死. 吾將以爲敎父.

동기가 없는 음 Motiveless Yin

도는 절대로 직접 행동하지 않고 만물에 간접적으로 작용한다. 최고 지도자가 이처럼 하면 만물이 저절로 달라진다. 지도자가 이처럼 하면 이기적인 동기가 이타적인 단순함이 될 것이다. 이타적인 단순함이 있다면 다툴 필요가 없다. 다툼이 없으면 조화를 이루고 만물이 안정되어 온 세상에 평화가 깃들 것이다.(37)

道常無爲而無不爲, 侯王若能守之, 萬物將自化. 化而欲作, 吾將鎭之以無名之樸.

無名之樸, 夫亦將無欲, 不欲以靜, 天下將自定.

신비로운 어머니 음 Mystic Mother Yin

음은 신비로운 어머니이며 어디에나 있다. 음은 하늘과 땅의 원천에 존재한다. 끊길 듯해도 이어지고 아무리 써도 다할 줄 모른다. 얇은 베일에 싸여 있는 정교하게 만들어진 음을 찾아 그대를 돕게 하라. 음은 무한하며 다함이 없다.(6)

谷神不死, 是謂玄牝. 玄牝之門, 是謂天地根. 綿綿若存, 用之不勤.

바보로 존재하는 미덕 Virtue in Being a Fool

하찮은 지식을 축적하는 일을 멈추면 덜 거추장스러울 것이다. 일치와 불일치, 아름다움과 추함, 두려움과 위협받는 것의 차이는 무엇인가? 선하다는 것과 악하다는 것의 차이는 무엇인가? 이러한 터무니없는 생각은 끝이 없다. 다른 사람들 모두 소 잡아 제사 지내는 것처럼 즐거워하고 봄철 높은 곳에 오른 것처럼 기뻐하는데, 나 홀로 멍청하여 무슨 기미조차 보이지 않고 아직 웃을 줄도 모르는 갓난아기나 집 없이 떠돌아다니는 사람처럼 냉담해 보인다. 다른 사람들은 필요한 것보다 많이 가졌는데 나만 적게 가진 것처럼 보인다. 다른 사람들은 밝고 박식한데 나만 따분하고 무식해 보인다. 다른 사람들은 사물을 명확하게 보는데 나만 어둠 속에 있는 것처럼 보인다. 다른 사람들은 현명하고 판단이 빠른데 나만 광대한 바다처럼 불안정하고 산들바람처럼 정처 없어 보인다. 다른 사람들은 정해진 길을 선택하는데 나만 신비로운 어머니가 지키는 다른 길을 선택한다.(20)

絶學無憂. 唯之與呵, 相去幾何. 善之與惡, 相之若何. 人之所畏, 不可不畏.

荒兮, 其未央哉. 衆人熙熙, 如亨太牢, 如春登臺. 我獨泊兮, 其未兆, 如兒之未孩.

儽儽兮, 若無所歸. 衆人皆有餘, 而我獨若遺. 我愚人之心也哉, 沌沌兮.

俗人昭昭, 我獨昏昏. 俗人察察, 我獨悶悶. 澹兮其若海, 飂兮若無止.

衆人皆有以, 而我獨頑似鄙. 我獨異於人而貴食母.

신비로운 미덕 Mystic Virtue

혼백을 하나로 감싸 안고 떨어져나가지 않게 할 수 있는가? 기氣에 전심하여 더없이 부드러워지므로 갓난아기 같은 상태를 유지할 수 있는가? 자신을 완벽하게 정화할 수 있는가? 백성을 사랑하고 나라를 다스림에 무위를 실천할 수 있는가? 처음부터 끝까지 약해지지 않고 신비로운 음을 받아들일 수 있는가? 아무것도 모르면서 자신의 길을 찾을 수 있는가? 자신이 소유하지 않으면서 만들고 다른 사람들에게 베풀 수 있는가? 다른 사람에게 감사하는 마음을 강요하지 않고 그대 자신을 기꺼이 바칠 수 있는가? 방해하지 않고 도울 수 있는가? 이를 일컬어 그윽한 미덕이라고 한다.(10)

載營魄抱一, 能無離乎. 專氣致柔, 能如嬰兒乎. 滌除玄覽, 能無疵乎.

愛民治國, 能無知乎. 天門開闔, 能無雌乎. 明白四達, 能無爲乎.

生之, 畜之. 生而不有, 爲而不恃, 長而不宰. 是謂玄德.

조용한 힘 Quiet Strength

줄어들려면 먼저 늘어나야 하고 약해지려면 먼저 강해져야 한다. 거부하려면 먼저 받아들여야 하고 받으려면 먼저 주어야 한다. 이것을 미묘한 밝음이라고 한다. 유연함이 완강함을 이기고 부드러움이 강함을 이긴다. 물고기가

연못에서 나와서는 안 되는 것처럼 나라의 날카로운 무기도 사람들에게 보여서는 안 된다.(36)

將欲歙之, 必固張之. 將欲弱之, 必固强之. 將欲廢之, 必固興之. 將欲脫之, 必固與之.

是謂微明. 柔弱勝剛强. 魚不可脫於淵, 國之利器不可以示人.

부드럽고 단단한 힘 Soft-Hard Strength

그지없이 부드러운 것이 더할 수 없이 단단한 것을 이길 수 있다. 존재하지 않는 것만이 틈이 없는 곳에도 들어갈 수 있다. 조용히 일하고 아무런 행동도 하지 않는 것[無爲]의 장점이 있다. 침묵과 조용히 일하는 만큼 유익한 것도 드물다. 이러한 가르침을 아는 사람이 드물다.(43)

天下之至柔, 馳騁天下之至堅, 無有入無閒. 吾是以知無爲之有益.

不言之敎, 無爲之益, 天下希及之.

내면과 외부의 요구 Inner-External Needs

다섯 가지 색깔로 사람의 눈이 멀게 되고, 다섯 가지 음으로 사람의 귀가 멀게 되며, 다섯 가지 맛으로 사람의 입맛이 고약해진다. 말달리기, 사냥하기로 사람의 마음이 광분하고 얻기 어려운 재물로 사람의 행동이 그르게 된다. 걱정과 야심은 마음의 균형을 깨뜨릴 수 있다. 사리사욕을 채우려고 노력하면 행복한 삶을 살 수 없다. 참으로 현명한 사람은 내면의 요구를 만족시키고 이기적인 외부의 요구에는 응하지 않는다. 내면의 요구는 받아들이지만 외부의 요구는 피한다.(12)

五色令人目盲, 五音令人耳聾, 五味令人口爽, 馳騁畋獵令人心發狂,

難得之貨令人行妨. 是以聖人爲腹, 不爲目, 故去彼取此.

92

평온한 균형 Serene Balance

완전히 이뤄진 것은 모자란 듯하다. 그러나 그 쓰임에는 다함이 없다. 완전히 가득 찬 것은 빈 듯하다. 그러나 그 쓰임에는 끝이 없다. 완전히 곧은 것은 굽은 듯하다. 완전한 솜씨는 서툴게 보인다. 완전한 웅변은 눌변으로 보인다. 조급함은 추위를 이기고 고요함은 더움을 이긴다. 맑고 고요함, 이것이 세상의 표준이다.(45)

大成若缺, 其用不弊. 大盈若沖, 其用不窮. 大直若屈, 大巧若拙, 大辯若訥.

躁勝寒, 靜勝熱. 淸靜爲天下正.

유언해져라! Flea!

사람이 생존할 때는 부드럽고 약하지만 죽게 되면 단단하고 강해진다. 만물이 살아 있을 때는 부드럽고 연하지만 죽으면 말라 뻣뻣해진다. 따라서 단단하고 강한 사람은 죽음의 무리이고 부드럽고 약한 사람은 삶의 무리이다. 군대가 강하면 이기지 못하고 나무가 강하면 꺾이고 만다. 강하고 큰 것은 아래에 놓이고 부드럽고 약한 것은 위에 놓이게 된다.(76)

人之生也柔弱, 其死也堅强. 萬物草木之生也柔脆, 其死也枯槁.

故堅强者死之徒, 柔弱者生之徒. 是以兵强則不勝, 木强則折. 强大處下, 柔弱處上.

굽히면 강해진다 Yield to Be Strong

휘면 온전해질 수 있고, 굽으면 곧아질 수 있으며, 움푹 패면 채워질 수 있고, 헐리면 새로워질 수 있으며, 적으면 얻게 되고, 많으면 미혹당하게 된다. 참으로 지혜로운 사람은 자신을 드러내지 않기 때문에 밝게 빛나고, 자신이 옳다고 하지 않기 때문에 돋보이며, 자신을 자랑하지 않기 때문에 공로를 인

정받고, 자신을 뽐내지 않기 때문에 오래간다. 겨루지 않기 때문에 세상이 그
와 더불어 겨루지 못한다. 옛말에 휘면 온전할 수 있다고 한 것이 어찌 빈말
이겠는가?(22)

曲則全, 枉則直, 窪則盈, 敝則新, 少則得, 多則惑. 是以聖人抱一爲天下式.

不自見故明, 不自是故彰, 不自伐故有功, 不自矜故長. 夫唯不爭, 故天下莫能與之爭.

古之所謂曲則全者, 豈虛言哉. 誠全而歸之.

아는 것을 덜어내라 Learn Less and Less

학문의 길은 날마다 더 많이 배우는 것이다. 도의 길은 날마다 아는 것을
덜어내는 것이다. 세상을 다스리는 것은 억지 일을 꾸미지 않을 때에만 가능
하다. 억지 일을 꾸미면 세상을 다스리기에 부족하다.(48)

爲學日益, 爲道日損. 損之又損, 以至於無爲, 無爲而無不爲. 取天下常以無事,

及其有事, 不足以取天下.

행운과 불운 Fortune, Misfortune

수모를 좋아하고 고난을 귀하게 여겨라. 수모를 좋아하는 것은 낮아짐을
좋아한다는 뜻이다. 고난을 귀하게 여기는 것은 내게 몸이 있기 때문이다. 몸
이 사라진다면 고난이 있을 수 없다. 자신의 몸을 바쳐 세상을 귀하게 여기는
사람만이 세상을 다스릴 수 있다. 세상을 더 나은 곳으로 만들려는 자는 세계
를 이끌 자격이 있다. 사람을 사랑하는 자는 사랑받을 자격이 있다.(13)

寵辱若驚, 貴大患若身. 何謂寵辱若驚, 寵爲下, 得之若驚, 失之若驚, 是謂寵辱若驚.

何謂貴大患若身, 吾所以有大患者, 爲吾有身. 及吾無身, 吾有何患.

故貴以身爲天下, 若可寄天下, 愛以身爲天下, 若可託天下.

자신이 모른다는 사실을 알라 Know That You Do Not Know

자신이 모른다는 사실을 아는 것이 가장 훌륭하다. 자신의 무지를 모르는 것은 병이다. 참으로 지혜로운 사람은 무지가 병임을 알기 때문에 병들지 않는다. 병을 병으로 알기 때문에 병이 없는 것이다.(71)

知不知上, 不知知病. 夫唯病病, 是以不病. 聖人不病, 以其病病, 是以不病.

도라는 밧줄 The Rope of Tao

자신의 지혜를 자랑하지 않고 하찮은 지식을 피하면 만인에게 백배나 이로울 것이다. 인仁과 의義를 강조하지 않으면 효성과 자애를 회복하게 된다. 재간 부리기를 그만두고 이득을 보려는 마음을 버리면 도둑이 없어질 것이다. 이 세 가지는 문명을 위하는 일이지만 그 자체만으로는 부족하다. 덧붙여야 할 것은 순박함을 드러내고, 다듬지 않은 통나무의 질박함을 품으며, 자아 중심의 생각을 줄이고, 욕심을 줄이는 것이다.(19)

絶聖棄智, 民利百倍. 絶仁棄義, 民復孝慈. 絶巧棄利, 盜賊無有.

此三者以爲文不足, 故令有所屬. 見素抱樸, 少私寡欲.

이타심의 힘 Selfless Power

하늘과 땅은 자신을 위해서만 존재하지 않기 때문에 영원하다. 그것이 참된 삶을 사는 것이다. 참으로 지혜로운 사람도 이와 같이 자기를 앞세우지 않기 때문에 앞서게 되고, 자기를 버리기 때문에 자기를 보존한다. 사사로움이 없기 때문에 진정한 자아를 완전하게 실현한다.(7)

天長地久, 天地所以能長且久者, 以其不自生, 故能長生.

是以聖人後其身而身先, 外其身而身存. 非以其無私耶, 故能成其私.

어머니와 아이의 평온함 Mother–Child Serenity

만물에는 시작이 있는데, 그것은 만물의 어머니이다. 어머니를 알면 그 자식을 알 수 있다. 그 자식을 안 뒤에 그 어머니를 받는다면 몸이 다하는 날까지 위태로울 것이 없다. 눈과 입을 닫으면 삶에 문제가 없지만, 눈과 입을 열면 삶에 더 많은 문제가 생긴다. 작은 것을 보는 것이 밝음[明]이다. 부드러움을 받드는 것이 강함이다. 작은 것을 본다면 몸을 망치는 일이 없을 것이다. 이것이 도의 길이다.(52)

天下有始, 以爲天下母. 其得其母, 以知其子, 旣知其子, 復守其母, 沒身不殆.

塞其兌, 閉其門, 終身不勤. 開其兌, 濟其事, 終身不救. 見小曰明, 守柔曰强.

用其光, 復歸其明, 無遺身殃. 是謂襲習常.

무거운 힘과 가벼운 힘 Heavy–Light Strength

무거움이 가벼움을 압도하고 평온함이 성급함을 이긴다. 참으로 지혜로운 사람은 가볍게 다니더라도 늘 무거운 짐을 가까이에 둔다. 구경거리가 많더라도 의연하고 초연하다. 만 대의 전차를 이끄는 최고 지도자가 어찌 가볍게 처신할 수 있겠는가? 가볍게 처신하면 그 근본을 잃게 되고, 성급히 행동하면 최고 지도자의 자리를 잃게 된다.(26)

重爲輕根, 靜爲躁君, 是以聖人終日行, 不離輜重, 雖有榮觀, 燕處超然.

奈何萬乘之主, 而以身輕天下. 輕則失本, 躁則失君.

음양의 지도력 Yin-Yang Leadership

세상은 위대한 음양의 도를 지키는 사람을 따를 것이다. 그에게는 안온함과 평온함 그리고 평화만이 깃든다. 길손이 음악과 맛있는 음식에 이끌려 걸음을 잠시 멈추겠지만 담박淡泊하여 별맛이 없는 도의 가르침에는 걸음을 멈추지 않을 것이다. 도는 보려 해도 볼 수 없고 들으려 해도 들을 수 없지만 아무리 써도 다함이 없다.(35)

執大象, 天下往, 往而不害, 安平太. 樂與餌, 過客止, 道之出口, 淡乎其無味,

視之不足見, 聽之不足聞, 用之不足既.

최고의 지도자 The Best Leaders

가장 훌륭한 지도자는 눈에 잘 띄지 않는다. 그다음으로 훌륭한 지도자는 존경받는다. 그다음 지도자는 두려움의 대상이다. 가장 좋지 못한 지도자는 사람들의 업신여김을 받는다. 지도자에게 신의가 모자라면 사람들의 불신을 받게 된다. 훌륭한 지도자는 말을 삼가고 아낀다. 지도자가 할 일을 마치고 목표를 완수하면 사람들은 "이 모두가 우리에게 저절로 된 것"이라고 말할 것이다.(17)

太上, 下知有之. 其次, 親而譽之. 其次, 畏之. 其次, 侮之. 信不足焉, 有不信焉.

悠兮, 其貴言. 功成事遂, 百姓皆謂我自然.

낮은 지도력과 높은 지도력 Lowly–High Leadership

강과 바다가 모든 골짜기의 왕이 될 수 있는 까닭은 스스로 낮추기를 잘하기 때문이다. 사람들에게 높임을 받고 싶다면 스스로를 낮추어야 하고, 사람들 앞에 서고자 한다면 스스로 몸을 뒤에 두어야 한다. 참으로 지혜로운 사람은 위에 있어도 사람들이 그 무거움을 느끼지 못하며, 앞에 있어도 그를 해롭게 여기지 않는다. 그래서 사람들이 그를 즐거이 받아들이고 싫어하지 않는다. 겨루지 않으므로 세상이 그와 더불어 겨루지 못한다.(66)

江海所以能爲百谷王者, 以其善下之, 故能爲百谷王. 是以欲上, 必以言下之,

欲先民, 必以身後之. 是以聖人處上而民不重, 處前而民不害.

是以天下樂推而不厭. 以其不爭, 故天下莫能與之爭.

겸손하게 다스려라 Lead Humbly

예로부터 하나를 얻을 것들이 있는데, 하늘은 하나를 얻어 맑은 것이며, 땅은 하나를 얻어 편안한 것이고, 신은 하나를 얻어 영묘한 것이며, 골짜기는 하나를 얻어 가득한 것이고, 만물이 하나를 얻어 자라나는 것이며, 왕과 제후는 하나를 얻어 세상의 어른이 된다. 이 모든 것이 하나의 덕이다.

하늘은 맑지 못하면 갈라질 것이고, 땅은 편안하지 않으면 흔들릴 것이며, 신은 영묘하지 않으면 시들 것이고, 골짜기는 가득하지 않으면 마를 것이며, 만물은 자라지 못하면 사라져버릴 것이고, 왕과 제후는 어른이 되지 못하면 넘어질 것이다. 그러므로 귀한 것은 천한 것을 근본으로 하고, 높은 것은 낮은 것을 바탕으로 한다.

이런 이유에서 왕과 제후가 스스로를 '고아 같은 사람', '짝 잃은 사람', '보잘것없는 사람'이라고 부르는 것이다. 이것이 바로 천한 것을 근본으로 삼는 것이 아니겠는가?(39)

昔之得一者, 天得一以淸, 地得一以寧, 神得一以靈, 谷得一以盈, 萬物得一以生,

侯王得一以爲天下貞. 其致之, 天無以淸, 將恐裂, 地無以寧, 將恐發, 神無以靈,

將恐歇, 谷無以盈, 將恐竭, 萬物無以生, 將恐滅, 侯王無以貴高, 將恐蹶.

故貴以賤爲本, 高以下爲基. 是以侯王自謂孤, 寡, 不穀, 此非以賤爲本邪, 非乎.

故致數輿無輿. 不欲琭琭若玉, 珞珞如石.

정상과 비정상 Normal, Abnormal

정치가 맹맹하면 백성이 순박해지지만 정치가 똑똑하면 백성이 못되게 된다. 화禍라고 생각되는 데서 복福이 나오고 복이라고 생각되는 데 화가 숨어 있다. 그 끝을 누가 알까? 절대적으로 옳은 것이란 없다. 올바름이 변하여 이상한 것이 되고, 선한 것이 변하여 사악한 것이 된다. 참으로 지혜로운 사람은 모가 있으나 다치게 하지 않고, 예리하나 잘라내지 않으며, 빛나지만 눈부시게 하지는 않는다.(58)

其政悶悶, 其民淳淳. 其政察察, 其民缺缺. 禍兮福之所倚, 福兮禍之所伏.

孰知其極, 其無正, 正復爲奇, 善復爲妖. 人之迷, 其日固久.

是以聖人方而不割, 廉而不劌, 直而不肆, 光而不燿.

절제로 다스려라 Lead with Moderation

잘 다스리기 위해서는 절제가 중요하다. 절제는 양보와 같고 양보에는 힘이 있다. 이 힘이 있다면 무엇이든 가능하다. 무엇이든 가능하면 한계가 없어진다. 절제는 도를 따르는 것이다. 도를 따르는 것은 덕을 많이 쌓는 일이다. 덕을 많이 쌓으면 이겨내지 못할 것이 없다. 이겨내지 못할 것이 없다면 그 능력의 끝을 알 수 없게 된다. 그 능력의 끝을 알 수 없을 정도가 되면 나라를 다스릴 만하다.(59)

治人事天, 莫若嗇. 夫唯嗇, 是謂早服, 早服謂之重積德.

重積德則無不克, 無不克則莫知其極, 莫知其極, 可以有國.

有國之母, 可以長久, 是謂深根固柢, 長生久視之道.

해가 없는 지도력 Harmless Leadership

큰 나라를 다스리는 것은 작은 물고기를 요리하는 것과 같다. 너무 오래 익히지 않게 조심해야 한다. 도로써 다스리면 귀신도 힘을 쓸 수 없게 된다. 귀신이 힘이 없기 때문이 아니라 힘이 있어도 사람을 해칠 수가 없는 것이다. 참으로 지혜로운 사람도 사람을 해치지 않는다. 양쪽 모두 해치지 않기 때문에 그 덕이 서로에게 돌아간다.(60)

治大國若烹少鮮. 以道莅天下, 其鬼不神, 非其鬼不神, 其神不傷人.

非其神不傷人, 聖人亦不傷人. 夫兩不相傷, 故德交歸焉.

과도한 악을 막아라 Prevent Evil Excess

훌륭하다는 사람을 떠받들지 않으면 사람 사이에 다투는 일이 없어질 것이다. 귀중하다는 것을 귀히 여기지 않으면 사람 사이에 훔치는 일이 없어질 것이다. 탐낼 만한 것을 보이지 않으면 사람의 마음이 산란해지지 않을 것이다. 참으로 지혜로운 사람이 다스리게 되면 사람들이 마음을 비우고, 배를 든든하게 하며, 뜻을 약하게 하고, 뼈를 튼튼하게 할 것이다. 참으로 지혜로운 사람은 사람들의 지식도 없애고 욕망도 없앤다. 영리하다는 자들이 함부로 하겠다는 짓을 못하게 만든다.(3)

不尙賢, 使民不爭. 不貴難得之貨, 使民不爲盜. 不見可欲, 使民心不亂.

是以聖人之治, 虛其心, 實其腹, 弱其志, 强其骨. 常使民無知無欲,

使夫智者不敢爲也. 爲無爲則無不治.

자비롭게 행동하라 Move Graciously

사람들이 두려워할 것을 두려워하지 않으면 더 큰 두려움이 생긴다. 그들의 거처를 좁게 하지 말고 그들의 생업을 억누르면 안 된다. 참으로 지혜로운 사람은 스스로를 알지만 스스로를 드러내지 않고, 스스로를 사랑하지만 스스로를 치켜세우지 않는다.(72)

民不畏威, 則大威至. 無狎其所居, 無厭其所生, 夫唯不厭, 是以不厭.

是以聖人自知, 不自見, 自愛, 不自貴. 故去彼取此.

단순함 Simplicity

예부터 도를 실천하던 자들은 사람을 총명하게 하지 않고 오히려 어리석게 만들었다. 사람을 다스리기 어려운 까닭은 아는 것[智]이 많기 때문이다. 아는 것으로 나라를 다스리는 것은 나라에 해가 되고 앎이 없이 다스리는 것이 나라에 복이 된다. 이 두 가지를 깨닫는 것이 하늘의 법도를 깨닫는 것이다. 항상 하늘의 법도를 깨닫고 있음을 그윽한 덕[玄德]이라고 한다. 그윽한 덕은 너무나도 깊고 멀어서 사물의 이치에 반하는 것 같지만 마침내 도에 크게 따름[大順]이다.(65)

古之善爲道者, 非以明民, 將以愚之. 民之難治, 以其智多. 故以智治國, 國之賊,

不以智治國, 國之福. 知此兩者, 亦稽式, 常知稽式, 是謂玄德.

玄德深矣, 遠矣, 與物反矣, 然後乃至大順.

간접적으로 이루어라 Achieve Indirectly

함이 없는 함[無爲]을 실천하고, 일함이 없는 일[無事]을 실행하며, 맛없는 맛[無味]을 맛보라. 큰 것을 작은 것으로 여기고 많은 것을 적은 것으로 생각하라. 원한을 덕으로 갚아라. 어려운 일은 그 일이 쉬울 때 해결하고, 복잡한 일은 그 일이 간단할 때 해결하라. 세상의 어떤 심각한 문제들도 그것들이 미미

할 때 해결할 수 있다. 또한 가장 어려운 일이라도 힘을 덜 들이고 할 수 있다. 참으로 지혜로운 사람은 끝에 가서 큰일을 하지 않는다. 그래서 큰일을 이루는 것이다. 무릇 가볍게 수락하는 사람은 믿음성이 없는 법이고 너무 쉽게 생각하는 사람은 반드시 어려운 일을 맞이하게 되는 법이다. 그래서 참으로 지혜로운 사람은 일을 어려운 것으로 여기는 것이다. 그런 까닭에 끝에 가서 어려운 일이 없게 되는 것이다.(63)

爲無爲, 事無事, 味無味, 大小多少. 報恩以德, 圖難於其易, 爲大於其細.

天下難事, 必作於易, 天下大事, 必作於細. 是以聖人終不爲大, 故能成其大.

夫輕諾必寡言, 多易必多難. 是以聖人猶難之, 故終無難矣.

덕의 치유 Teh Healing

깊은 원한은 화해하더라도 여한이 남는다. 이것이 어찌 잘된 일이라고 할 수 있겠는가? 참으로 지혜로운 사람은 빚진 자의 입장에 서서 사람을 다그치는 일이 없다. 덕이 있는 자는 계약을 관장하고 덕이 없는 자는 조세를 관장한다. 하늘의 도는 편애하는 일이 없이 항상 선한 사람의 편에 설 따름이다.(79)

和大怨, 必唯餘怨, 安可以爲善. 是以聖人執左契, 而不責於人.

有德司契, 無德司徹. 天道無親, 常與善人.

국민이 고통 받는 이유 Why People Suffer

국민은 세금이 높을 때 고통스럽다. 그 때문에 굶주리게 된다. 국민을 다스리기 어려운 것은 지도자가 무엇인가를 한다고 하기 때문이다. 그 때문에 다스리기 어려운 것이다. 국민이 죽음을 가볍게 여기는 것은 지도자가 지나치게 삶에 집착하기 때문이다. 그 때문에 죽음을 가볍게 여기는 것이다. 삶을 추구하지 않는 사람이 삶을 귀하게 여기는 사람보다 더 현명하다.(75)

民之饑, 以其上食稅之多, 是以饑. 民之難治, 以其上之有爲, 是以難治.

民之輕死, 以其上求生之厚, 是以輕死. 夫唯無以生爲者, 是賢於貴生.

작은 것이 위대하다 Small Is Great

이상적인 조직이나 나라는 크기가 작고 사람도 적다. 도구와 기계가 있지만 별로 필요가 없고 무기가 있지만 휘두를 필요가 없다. 배와 수레가 있지만 멀리 여행할 필요가 없다. 사람들이 그곳을 매우 좋아해서 떠나지 않기 때문이다. 이들은 묶은 노끈으로 셈하며 간소한 음식과 옷차림, 크지 않은 집, 소박한 풍습에 만족해 한다. 이웃 나라가 바라보이고 닭 우는 소리, 개 짖는 소리가 들려도 사람들이 늙어 죽을 때까지 그 나라를 왕래하지 않는다.(80)

小國寡民, 使有什佰之器而不用, 使民重死而不遠徒, 雖有舟輿, 無所乘之,

雖有甲兵, 無所陳之, 使人復結繩而用之, 甘其食, 美其服, 安其居, 樂其俗,

隣國相望, 犬之聲相聞, 民至老死, 不相往來.

더 큰 것이 더 작은 것이다 Greater Is Lesser

큰 나라는 물이 아래로 흘러내려가는 땅과 같다. 큰 나라는 신비한 음과 고요함, 겸손함이 만나는 곳이다. 음은 자애롭게 포용하기 때문에 신비한 양을 누른다. 큰 나라는 작은 나라에 자신을 낮추어 작은 나라의 도움을 얻는다. 작은 나라는 큰 나라에 자신을 낮추어 큰 나라의 도움을 얻는다. 따라서 누구든 자신을 낮추면 다른 이의 도움을 받을 자격이 있다. 큰 나라가 오직 바라는 것은 사람을 모아 잘 보호하여 기르는 것이며, 작은 나라가 오직 바라는 것은 큰 나라를 섬기는 것이다. 큰 나라, 작은 나라가 자기들 바라는 바를 얻으려면 큰 나라가 먼저 스스로를 낮추어야 한다.(61)

大國者下流, 天下之交, 天下之牝. 牝常以靜勝牡, 以靜爲下.

故大國以下小國, 則取小國, 小國以下大國, 則取大國. 故或下以取, 或下而取.

大國不過欲兼畜人, 小國不過欲入事人. 夫兩者各得其所欲, 大者宣爲下.

이타심의 비밀 The Secrets of Selflessness

훌륭한 무사는 무용을 보이지 않는다. 훌륭한 전사는 성내지 않는다. 훌륭한 승리자는 대적하지 않는다. 훌륭한 고용인은 스스로를 낮춘다. 이를 일러 '겨루지 않음의 덕[不爭之德]'이라고 한다. 이를 일러 '사람 씀의 힘[用人之力]'이라고 한다. 이를 일러 '하늘과 짝함[配天]'이라고 하는데, 예로부터 내려오는 지극한 원리다.(68)

善爲士者不武, 善戰者不怒, 善勝敵者不與, 善用人者爲之下.

是謂不爭之德, 是謂用人之力. 是謂配天古之極.

법을 인정하되 법이 너무 많으면 안 된다 Be Lawful, Not Full of Laws

옳은 일로 나라를 다스려라. 전쟁에 임할 때는 임기응변이 있어야 한다. 그러나 세상을 얻기 위해서는 '함이 없음[無事]'을 실천하라. 이렇게 해야 하는 까닭은 다음의 사실 때문이다. 세상에 금하고 가리는 것이 많을수록 사람들이 더 가난해지고, 세상에 날카로운 무기가 많을수록 나라가 더 혼미해지며, 세상에 잔꾀가 많을수록 괴상한 물건들이 더 많아지고, 법이나 명령이 요란할수록 도둑이 더 많아진다. 따라서 참으로 지혜로운 사람은 다음과 같이 말한다. "내가 억지로 일하지 않으므로 백성이 저절로 바뀌고, 내가 고요

104

를 좋아하므로 백성이 저절로 바르게 되며, 내가 일을 꾸미지 않으므로 백성
이 저절로 부하게 되고, 내가 욕심을 내지 않으므로 백성이 저절로 통나무가
된다."(57)

以正治國, 以奇用兵, 以無事取天下. 吾何以知其然哉. 以此. 天下多忌諱, 而民彌貧,

民多利器, 國家滋昏, 人多伎巧, 法令滋彰, 盜賊多有. 故聖人云,

我無爲而民自化, 我好靜而民自正, 我無事而民自富, 我無欲而民自樸.

전쟁은 도가 아니다 War Is Not Tao

무기는 상서롭지 못한 물건이라서 도를 따르는 자는 이런 것에 집착하지
않는다. 덕이 있는 지도자는 평화를 좋아하고 덕이 없는 지도자는 전쟁을 좋
아한다. 전쟁을 피할 수 없을 때는 무기를 꼭 필요한 만큼만 사용한다. 조용
함과 담담함을 으뜸으로 여기고 승리하더라도 이를 미화하지 않는다. 이를
미화한다는 것은 살인을 즐거워하는 것이다. 살인을 즐거워하는 자는 결코
세상에서 큰 뜻을 펼 수 없다. 전쟁이 나면 군 사령관은 많은 장례식에 참석
한다. 승리를 거두었을 때도 애도하고 상례喪禮로 처리해야 한다.(31)

夫佳兵者不祥之器, 物或惡之, 故有道者不處. 君子居則貴左, 用兵則貴右.

兵者不祥之器, 非君子之器, 不得己而用之, 恬淡爲上. 勝而不美, 而美之者,

是樂殺人. 夫樂殺人者, 則不可似得志於天下矣. 吉事尚左, 凶事尚右. 偏將軍居左,

上將軍居右. 言以喪禮處之. 殺人之衆, 以哀悲泣之, 戰勝以喪禮處之.

전쟁을 피할 수 없을 때 When War Is Inevitable

도를 따르는 자는 지도자들에게 무력을 사용하지 말라고 조언한다. 무력은
역효과를 불러일으켜 그 대가가 돌아오기 마련이다. 군대가 주둔한 곳에는

가시덤불이 자라고 큰 전쟁 뒤에는 반드시 흉년이 뒤따른다. 훌륭한 사람은 목적만 이룬 뒤 그만둘 줄 알고 감히 군림하려고 들지 않는다. 목적을 이루고 자랑하지 않으며, 뽐내거나 교만하지 않고 군림하려고 들지 않는다. 무엇이나 기운이 지나치면 쇠하기 마련인데 도가 아니기 때문이다. 도가 아닌 것은 얼마 가지 않아 끝장이 난다.(30)

以道佐人主者, 不以兵强天下. 其事好還. 師之所處, 荊棘生焉, 大軍之後, 必有凶年.

善者果而已, 不敢以敢强. 果以勿矜, 果以勿伐, 果以勿驕, 果以不得已, 果已勿强.

物壯則老, 是謂不道. 不道早已.

비밀 무기 Secret Weapon

전쟁에 대한 다음과 같은 말이 있다. 내 편에서 주인 노릇하는 것이 아니라 손님 노릇을 하고, 한 치 전진하려고 하지 말고 오히려 한 자 정도 물러서라. 이를 일러 나아감이 없이 나아감, 팔이 없이 소매를 걷음, 적이 없이 쳐부숨, 무기 없이 무기 잡음이라고 한다. 모든 화 중에 적을 가볍게 여기는 것보다 더 큰 것은 없다. 적을 가볍게 여기다가는 내 편의 보물을 거의 다 잃고 만다. 따라서 군사를 일으켜 서로 맞서 싸울 때는 슬퍼하는 쪽에서 이기는 법이다.(69)

用兵有言; 吾不敢爲主而爲客, 不敢進寸而退尺. 是謂行無行,

攘無臂, 扔無敵, 執無兵, 禍莫大於輕敵, 輕敵幾喪吾寶. 故抗兵相加, 哀者勝矣.

사형에 대한 경고 Capital Punishment Warning

사람들이 죽음을 두려워하지 않으면 어떻게 죽음으로 그들을 위협할 수 있겠는가? 사람들이 죽음을 두려워해야 죽음으로 위협할 수 있다. 그렇다면 누가 형을 집행하고 싶어 하겠는가? 세상에 최고 사형집행인은 단 한 명밖에 없다. 그의 역할을 대신하는 것은 숙련된 목수의 도끼를 미숙한 일꾼에게 주는 것과 같다. 미숙한 일꾼은 자기 손을 잘라버릴 수도 있다.(74)

民不畏死, 奈何以死懼之. 若使民常畏死而爲奇者, 吾得執而殺之, 孰敢.

常有司殺者殺, 夫代司殺者殺, 是謂代大匠斲. 夫代大匠斲者, 希有不傷其手矣.

노자의 마지막 가르침은 무엇일까?

노자가 임종 때 무슨 말을 남겼는지 기록에는 없지만, 67장의 말을 남겼을지도 모르겠다.

나는 그대에게 세 가지 보배를 남긴다. 이 보배들을 보호하고 안전하게 지켜라. 첫 번째 보배는 사랑이다. 이는 삶이란 베푸는 것이고, 모든 사람이 형제자매이며 삶의 유일하고 위대한 법칙은 사랑임을 아는 것이다. 사랑이 없으면 그 무엇도 불가능하다. 두 번째 보배는 절제이다. 이는 신비로운 균형을 알고 극단을 피하며 성장하기 위해 차이를 인정하는 것이다. 세 번째 보배는 겸허이다. 이는 우리가 빈손으로 태어나 빈손으로 죽는다는 것을 알되 죽어서 기억되는 것이 영원히 사는 것임을 아는 것이다(67장을 편집).

5장
변화의 책 『주역』

『주역』만 있으면 시체라도

세상을 선도할 수 있다.

―중국 옛 속담

인간과 자연의 원리를 담은 책 『주역周易』

『주역』은 세상에서 가장 오래된 인간 관련 지침서일 것이다. "『주역』만 있으면 시체라도 세상을 선도할 수 있다"는 중국 옛 속담만 보아도 그 중요성을 알 수 있다. 공자는 이 책을 '완벽한 책'이라고 불렀다. 이 책에 나오는 조언은 처음에는 구전되다가 이후 어느 시점에 글로 기록되었는데, 5천 년이 지난 오늘날에도 이치에 닿는 내용들로 이루어져 있어 그 가치와 유효성이 입증된다. 지금 쓰이는 책 중 5천 년 뒤에도 남아 있을 책이 얼마나 될까? 여기서 다루는 『주역』은 1859년 이후에 출간된 중국, 영국, 미국 번역본들을 비교 분석하고 중국 철학에 대한 연구를 바탕으로 작성한 것이다.

전설에 따르면 제왕 복희씨(기원전 2800년경)는 거북이 등 무늬에 매료되었다. 복희씨는 그 무늬에서 끊어지지 않은 선(양효陽爻)과 끊어진 선(음효陰爻)으로 이뤄진 여덟 개의 기본 문양을 보았다. 건乾(아버지의 힘, 또는 하늘)은 세 개의 양효로 이루어지며 창조와 양陽을 뜻하고, 세 개의 음효로 이루어진 곤坤(어머니의 힘, 또는 땅)은 수용과 음陰을 의미한다. 진震(맏형, 또는 우레)은 두 개의 음효와 한 개의 양효로 되어 있으며 활동, 이동, 혹은 훼방을 뜻한다. 두 개의 양효와 한 개의 음효로 된 손巽(장녀, 자연 속의 나무, 또는 고요한 공기)은 온화한 소극성을 의미한다. 감坎(차남, 또는 바다)은 한 개의 음효와 한 개의 양효, 그 아래 또 하나의 음효로 이루어져 있으며 변화, 또는 유연성을 뜻한다. 한 개의 양효와 한 개의 음효, 다시 한 개의 양효로 이루어진 이離(차녀, 또는 따뜻한 불)는 의존, 애착, 또는 분노와 파멸의 공존을 뜻한다. 한 개의 양효와 두 개의 음효로 이뤄진 간艮(삼남, 또는 산)은 안정성, 균형, 또는 휴식을 뜻한다. 태兌(삼녀, 또는 호수)는 한 개의 음효와 두 개의 양효로 이루어져 있으며 행복과 기쁨을 뜻한다.

복희씨는 건乾과 곤坤(하늘과 땅), 간艮과 감坎(산과 바다), 진震과 손巽(우레와 고요한 공기) 그리고 태兌와 이離(물과 불)처럼 인간과 자연의 존재 양상과 변화의 원리를 상징하는 기호인 괘卦와 괘가 만나서 어떻게 서로 보완하는지 주시했다. 그리고 64개의 서로 다른 괘들을 엮어 풀이하고 이 괘들이 삶과 행동의 기초라고 믿었다. 복희씨가 문자를 만들었다고도 여겨지는데, 그래서 『주역』이 중국에서 최초로 쓰인 책 중 하나일 것으로 추측되기도 한다.

고대 중국에서는 각 괘의 글자를 서양가새풀 가지에 서예로 썼다. 그리고 질문이나 개인적인 문제에 정신을 집중하면서 64개의 나뭇가지를 한 손에 가볍게 쥐고 짤짤 흔들었다. 그 결과 가장 많이 튀어나오거나 묶음에서 떨어진 나무패를 그 질문에 대한 대답 혹은 걱정거리에 대한 조언으로 생각했다. 또한 1번부터 64번까지 각각 숫자를 표시한 종이 64장을 준비해 같은 방식으로 괘를 만들 수도 있다. 이것들을 세 번 접어 통 속에 넣고 완전히 섞이도록 잘 흔든다. 마지막으로 조언을 구하는 사람이 눈을 감고 질문하거나 문제에 정신을 집중하면서 종이를 한 장 꺼낸다.

카드 64장에 각각 1부터 64까지 숫자를 표시할 수도 있고 카드에 괘의 그림을 붙이거나 괘를 인쇄해서 사용하는 방법도 있다. 그 카드를 섞은 뒤 조언을 구하는 사람은 눈을 감고 집중하면서 무작위로 카드 한 장을 뽑는다. 카드들을 섞어서 뒤집어놓은 뒤 맨 위에 있는 카드를 뽑을 수도 있다. 또 다른 방법은 정신을 집중한 채 두 개의 동전을 여섯 번 던지는 것이다. 매번 던질 때마다 그 결과를 기록해두어야 하는데, 둘 다 앞면이거나 둘 다 뒷면이면 양효, 하나는 앞면이고 다른 하나는 뒷면이면 음효로 표시한 뒤 그에 상응하는 괘를 읽는다. 이 방법은 시간이 더 오래 걸린다. 하지만 어떤 사람들은 하루에 하나씩 괘를 읽고 개인적으로 그 점괘를 참고하면 유용하다고 생각한다.

고대 중국에서는 때때로 작은 집단을 이루어서 『주역』을 활용하기도 했다. 사람들은 먼저 북쪽을 향해 세 번 절한 뒤 좁은 원을 그리며 책상다리를 하고 앉았다. 그리고 향이 피어오르는 가운데 『주역』을 시계방향으로 세 바퀴 돌 때까지 건네주고 받았다. 이 의식을 행하는 동안 사람들은 조언을 얻고자 하는 질문에 정신을 집중하면서 침묵을 지켰다.

고대에는 『주역』을 고운 비단으로 싸서 가능한 한 방의 가장 높은 곳에 두었다. 그렇게 해야 그 순수성과 힘이 보존된다고 믿었다. 이 책은 개인적으로 조언을 구하거나 진지한 토론을 할 때에만 사용해야 하는 신성한 것으로 여겨졌다. 이러한 고대의 믿음을 존중해주길 바란다.

『주역』 64괘

☰ **1. 용처럼 강하라** Be Dragon Strong(건乾)

내면의 힘을 키우는 데 시간을 들여라. 직접적인 행동을 삼가라. 주의 깊게 관찰하고 신중하게 생각하라. 차분하게 반성하고 자신감을 키울 수 있도록 심사숙고하라. 더 현명하고 더 많이 아는 사람에게 조언을 구하라. 극단을 피하라. 확신, 강함, 절제, 정의라는 네 가지 마음가짐을 차분하게 발달시켜 나갈 때이다. 말없이 혼자서 이를 행하라.

☷ **2. 사랑으로 봉사하라** Serve Lovingly(곤坤)

더 깊이 지각하라. 그래야 문제가 커지는 걸 막을 수 있다. 능력과 기술이 자연스럽게 흘러가게 하라. 조용하고 효율적으로 일하되 정도를 지나쳐서는 안 된다. 딱 충분할 정도만 노력을 기울여라. 긴장될 때는 자신을 확실하게 다스리면 긴장감에서 자신을 지킬 수 있다. 다른 사람들을 따르거나 따르는 체하여 다른 사람들을 간접적으로 이끌어라. 선행을 베풀면 인정받을 것이므로 사랑으로 봉사하라. 사랑을 베풀고 의무를 다하며 조용히 능률을 높이면 성공은 자연스레 찾아온다.

☳ **3. 성장하고 전진하라** Grow and Go(둔屯)

자신이 누구이고 어디쯤 있는지 확인하면서 여유를 가지고 성장하고 나아가라. 상황을 면밀하고 주의 깊게 관찰하고 모든 것을 파악하여 아무것도 놓치지 않는다면 어떤 문제라도 그 원인을 쉽게 찾을 수 있을 것이다. 행동을 취해야 한다면 단호하지만 적절하게 하라. 다른 사람의 도움을 받되 그에 의존하지는 마라. 행동을 하되 지나치게 하지는 마라. 자신과 자신이 하고 있는 일에 확신을 갖고 조심스럽게 앞으로 나아가라.

䷃ 4. 제대로 배워라 Learn Well(몽蒙)

사람은 태어나서 죽을 때까지 압박감을 느낀다. 그래서 자신의 개성을 지켜야 한다. 그렇지 않으면 삶에서 받는 스트레스로 자신이 아닌 다른 사람이 되어버릴 수 있다. 살아가면서 자신보다 덜 가진 사람을 받아들이고 자신이 가진 것을 자애롭게 나누어라. 내면의 힘을 발달시키고 자제력과 현명한 판단으로 이 힘을 발휘하라. 더욱 나다워지고 다른 사람을 따라하지 마라. 자애롭고 겸손해라. 이렇게 하지 않는 자는 어리석으며 창피를 당할 것이다. 제대로 배우기 위해서는 어느 정도 불편은 감수해야 한다는 사실을 깨달아라.

䷄ 5. 기다려라 Wait(수需)

행동을 취하기 전에 멈추어 주위를 돌아보고 주의 깊게 들어야 한다. 한 번에 한 가지 일만 하라. 그렇지 않으면 실패할 것이다. 문제가 복잡할 때는 그 문제를 빨리 혹은 쉽게 해결할 수 없다는 사실을 깨달아야 한다. 망설이면 문제 해결이 더욱 어려워질 뿐이다. 현실을 받아들이고 강한 확신을 지니되 비합리적이거나 적대적이어서는 안 된다. 혼란이 계속 이어지는 것은 아니니 일을 멈추고 긴장을 풀어라. 목표를 분명하게 보는 데 시간을 들여라. 어떤 상황이라도 희망이 있다는 사실을 인식하라. 다른 사람들의 도움을 진심으로 감사하며 받아들인다면 상황은 나아질 것이다.

䷅ 6. 다툼은 기회다 Conflict Is Opportunity(송訟)

혼자서만 주도권을 쥐지 말고 다른 사람과 함께하라. 불가능한 상황에서는 품위 있게 물러나라. 스스로 생계를 유지하고 미래를 위해 부지런히 일하라. 다른 사람을 시기하지 말라. 계속 실수하면 성공할 수 없다. 자연을 관조하여 내면의 평화와 만족을 찾아라. 절제하여 균형을 잡는다면 올바른 일을 하게 될 것이다. 문제가 많다는 건 성장할 기회도 많다는 뜻이다. 좋은 해결책을 찾으면 만족감을 느끼고 문제가 해결되면 지속적인 행복이 찾아온다.

䷆ 7. 이끌어라 Lead(사師)

그대의 명분이 정당하다면 그대는 성공할 것이다. 올바른 수단을 찾아서 이용하라. 권력을 지닌 사람들과 어떤 개인차가 있더라도 그들이 지도자 역할을 맡을 자격이 있는 것처럼 존경하라. 최고의 지도자는 좋은 것과 나쁜 것을 모든 사람과 나눈다. 효과적으로 지도력을 발휘하지 않으면 성공할 수 없다. 불화와 반목은 실패로 이어진다.

역경이 닥치면 품위 있게 물러나 힘을 아껴두어라. 실패가 분명해 보일 때는 강한 지도력이 필요하다. 기여도와 능력 그리고 필요에 따라 현명하고 너그럽게 공로를 치하하고 포상을 나누어라. 단 엉뚱한 사람의 손에 권력을 쥐어주지 않도록 주의하라.

䷇ 8. 다른 사람들과 화합하라 Unify Yourself(비比)

다듬지 않은 목재처럼 실질적이고 자연스러워야 한다. 진정한 자기 자신으로 살며 진실성, 품위, 명예를 지켜야 한다. 지나친 행동을 하면 진정한 자아를 어느 정도 잃게 된다. 충실하지 않으면 명예를 잃는다. 도움을 구하러 온 사람은 받아들이는 게 현명하다. 다른 사람에게 자신의 방식을 강요하지 마라. 기만하지 말고 부당하게 비판하지 마라. 화합을 이루려면 서로 신뢰하고 존경해야 한다. 이런 성품이 없다면 화합도, 성공도 있을 수 없다.

䷈ 9. 절제하라 Be Moderate(소축小畜)

앞으로 나아가라. 어려움이 줄어들면 권력 행사는 자제하고 대신 더욱 사려 깊게 행동하라. 절제하라. 그러면 그대를 지치게 하고 능률을 떨어뜨리는 부담감을 막을 수 있다. 맹목적으로 앞만 보고 달려가면 긴장되어 기운이 빠진다. 융통성을 발휘하여 상황을 솜씨 좋게 조종하라. 대안들을 분석하여 각 대안이 가져올 결과를 따져보아라. 친구와 함께 고민하고 친구를 도와주어라. 함께하면 더 큰 힘을 얻기 때문이다. 성공은 서서히 오고 절정에 다다르면 그 뒤로 오래 지속되지 않는다.

䷉ 10. **재치를 발휘하라** Be Tactful(이履)

현재의 위치를 받아들이되 겸손하고 스스로 만족하라. 단순함과 자유로움을 존중하라. 재치를 발휘하고 겸손해져라. 그렇지 않으면 실패할 것이다. 얼마나 어려운지와 상관없이 재치와 절제로 목표를 달성할 수 있다. 재치와 절제가 없다면 성공은 불확실하고 실패할 위험은 높아진다. 삶을 돌이켜 보면 재치를 발휘했을 때 성공이 뒤따랐다는 사실을 알게 될 것이다.

䷊ 11. **자신을 성장시켜라** Grow Personally(태泰)

특히 삶에서 성공을 거두었을 때 사람들과 친구가 되어라. 절제로써 성취하라. 자신의 개성을 인식하라. 모든 상황에서 현실을 직시하며 대안과 새로운 기회를 탐색하라. 오직 타당한 위험만 고려하라. 경험이 그대를 변화시키지만 변화 없이는 성장하거나 발전할 수 없음을 명심하라. 변화는 개인의 발전을 깨닫는 데 도움이 된다. 지위에 상관없이 모든 사람을 친절하게 대하라. 적극적인 행동은 효과적일 수도 있지만 적극적인 행동이 필요한 때는 잠시뿐이며 나중에는 오히려 문제를 야기할 수 있다. 피할 수 없는 것은 받아들이고, 어떤 상황에서도 가능한 한 침착함을 유지하려고 노력하라. 나쁜 상황 속에서도 언제나 좋은 것은 있는 법이다.

䷋ 12. **극복하라** Cope(비否)

존경받을 자격이 없는 사람을 위해 일하느라 어려움을 겪을 수 있다. 그런 상황에서는 뒤로 물러나 자신의 품위와 진실성을 지키는 것이 현명하다. 그대의 친구들은 이해할 것이다. 자격 없는 상관에 대해서는 그들의 개인적인 품성보다는 그들의 지위를 존중하라. 가능하다면 상관의 판단이 아닌 스스로 내린 최선의 판단에 따라 행동하라. 그들을 따르다 성공할 수도 있지만 이용당했다는 느낌이 들고 부끄러울 것이다. 자신이 있는 자리에서 최선을 다하라. 자신의 권한을 넘지 마라. 대안을 생각하라. 일어날 수 있는 모든 상황에 대비하라. 어떤 상황도 영원히 지속되지 않는다는 것을 알아야 한다. 성공과 행복조차 언젠가는 끝난다.

☰ 13. **친구가 되어라** Be a Friend(**동인**同人)

그대가 모든 사람의 친구라 할지라도 그중 몇몇은 그대를 친구로 대하지 않을 것이다. 우정에는 한계가 있어서 문제가 일어날 수도 있다. 불신이 있는 곳엔 거리감이 있으며 거리감이 있는 곳에 기만이 있는 법이다. 신념을 지키되 우호적인 태도를 유지하면 다른 사람들도 그대의 선의를 알아보고 그대와 그대의 의견을 받아들일 것이다. 머지않아 우정이 싹트고 문제가 해결되며 관계도 깊어지겠지만 우정에는 한계가 있다는 사실을 늘 염두에 두어라. 기뻐하라. 인간관계는 긍정적이고 좋은 쪽으로 발전할 수 있다.

☲ 14. **진정한 부를 쌓아라** Achieve Real Wealth(**대유**大有)

진정한 부는 외적인 면과 내적인 면 양쪽 모두에 바탕을 둔다. 진정한 외면의 부는 소유에 따른 위험을 알고 그에 맞추어 자신을 다스리는 것이다. 진정한 내면의 부는 강한 소유욕 때문에 생기는 위험을 알고 그에 맞게 자신을 다스리는 것이다. 그대의 생각과 그대 친구들의 생각이 진정한 부를 유지하도록 그대를 도울 것이다. 돈과 재산으로 좋은 일을 하는 것도 도움이 된다. 자신만을 위해 친구, 돈 또는 재산을 쓰지 마라. 탐욕을 억누르고 친절을 베풀며 성실하고 겸손해라. 그렇지 않으면 사람들이 그대에게 부정적인 반응을 보일 것이다. 돈과 재산만 가진 채 외톨이가 된다면 더는 진정으로 부유하지 않은 것이다.

☷ 15. 겸손해라 Be Humble(겸謙)

겸손하면 그대에게 반발하는 사람들이 적을 것이다. 겸손은 미덕이며 계속해서 겸손한 마음을 길러야 한다. 겸손하면 사람들에게 인정받고 명예를 얻더라도 본래의 자신으로 남을 수 있다. 겸손하면 상급자들을 따를 수 있고 함께 일하거나 그대를 위해 일하는 사람들에게 감사할 수 있다. 성공하면 그대에게 반대했던 사람들까지도 배려할 수 있다. 실패하더라도 자기 자신을 배려할 수 있어 비통하지 않을 것이다. 그러면 상황이 좋든 나쁘든 모범을 보이며 사람들을 이끌 수 있다.

☳ 16. 행복해져라 Be Happy(예豫)

여유를 가지고 행복을 느껴라. 평온하되 작은 변화를 감지하여 적극적이거나 소극적인 반응을 준비하라. 다른 사람들에게 과하게 의존하거나 지나친 쾌락에 빠지거나 막대한 돈과 권력을 좇으려는 자연적인 성향을 경계하

라. 가끔 여흥을 즐기는 건 정당하고 기쁨과 행복을 더하지만 지나쳐서는 안 된다. 행복해지려면 진실하고 받아들일 줄 알아야 한다. 다른 사람들을 도와도 마찬가지로 행복해질 수 있다. 이것은 모든 사람에게 이롭다. 일상에서 부딪히는 문제에 대처하고 해결하는 데서 만족을 얻을 수 있다. 만족감은 더 큰 성취를 이루도록 힘과 동기를 부여한다.

17. **교류하라** Interact(수隨)

목표는 바뀔 수도 있지만 자신을 속이지는 마라. 그대에게 동의하는 사람들뿐만 아니라 동의하지 않는 사람들과도 어울려라. 더 많이 아는 사람들뿐 아니라 경험이 부족한 사람들과도 어울려라. 피상적이고 거짓된 것을 피할 수 있게 도와주는 더 나은 사람들을 만나라. 부정직한 사람들이 접근하면 이 사람들이 줄 수 있는 대가를 바라고 이들에게 의지하려 할 수도 있지만 이에 굴하지 말고 진실해라. 탁월해지는 것을 목표로 삼아라. 진실함과 탁월함은 성공을 불러오며 오래 지속되는 긍정적인 성품이다.

18. **꿰뚫어 보되, 선동하지 마라** Be Insightful, Not Inciteful(고蠱)

문제가 단순할 때 해결하라. 어떤 변화라도 결과에 영향을 미친다는 사실을 인식하라. 힘을 키우는 데 시간이 필요하다는 것을 깨달아라. 동의하지 않더라도 부모를 존중하듯 권위자를 존중하라. 찬찬히 행동하고 혼란을 일으킬 정도로 서둘러서는 안 된다. 무지가 계속되지 않게 하라. 때로는 다른 사람들의 도움으로 일을 잘 해내어 인정받을 수 있다. 세상과 안전거리를 유지하면

120

자아를 인식하고 자신을 더욱 발전시키는 데 도움이 된다. 이렇게 하면 자신의 힘으로 지속적인 가치를 지닌 무언가를 이룰 수 있다.

19. 발전하라 Make Progress (임臨)

다른 사람들이 반대하더라도 옳은 일을 해서 성공하라. 무엇이 옳은지 정확하게 알지 못하는 사람들은 옳은 일을 하는 사람을 따르기 마련이다. 권력이 있다면 현명하게 사용하라. 심사숙고하고 통찰력을 발휘하라. 그렇지 않으면 어려움이 따를 것이다. 성공은 옳은 일을 하고 바른 생각을 하며 올바른 사람들과 함께할 때 찾아온다. 사람들을 이끌려면 능력 있는 사람들을 찾아 권력의 일부를 위임하고 이를 자유롭게 쓸 수 있게 해야 한다. 그대에게 오는 모든 사람을 받아들이고 그들에게 도움이 되어라. 이렇게 하면 모두에게 이롭다.

20. 알아차려라 Be Aware (관觀)

멈춰서 자신이 인식하는 것들을 점검하라. 무슨 일이 일어나고 있는지 충분히 인식하지 못할 수도 있다. 이것이 다른 사람에게는 그리 중요하지 않을지도 모르지만 그대에게는 중요하다. 성공은 상황을 면밀하게 살피고 그 상황을 효율적으로 다루는 법을 찾는 데 달려 있다. 성공은 올바른 인식과 현명한 판단에서 비롯된다. 성공하면, 특히 새로운 지위에 오르면 다른 사람들도 마찬가지로 성공할 수 있도록 도와라. 이것이 그대에게도 이롭다. 혼자가 아닌 타인과 교류하는 사람으로서 현실을 직시하고 자신을 유심히 살펴라.

언제, 어디서, 어떻게 사회와 삶에 자신을 맞출지 아는 것은 가치 있는 목
표다.

21. 결과에 감사하라 Appreciate Consequences (서합噬嗑)

벌을 받을 때는 그 안에 숨겨진 정의를 깨달아라. 심각한 범죄를 저지르면
더 큰 벌을 받는다. 죄를 지었다 해도 벌을 받으면 굴욕감을 느낄 수 있다. 이
것은 당연한 일이다. 삶은 복잡하다. 누구나 실수하기 마련이다. 바르게 살
겠다고 결심하고 경험으로 배워라. 벌을 받지 않는다면 배움이 있겠는가? 그
대가 심판자라면 그만큼 공평하겠는가? 부정적으로 반응한다면 내면의 악이
지나치게 커지고 수치심이나 죄의식을 느낄 것이다.

22. 본래의 자신이 되라 Be Yourself (비賁)

본래의 자신과 다른 사람들처럼 보이려는 충동을 거부하라. 자기 자신이
되어라. 소유 자체를 위해 소유를 즐기려는 충동을 거부하라. 대신 삶을 즐겨
라. 지난 성공에 기대어 자신과 다른 사람들의 고마움을 몰라서는 안 된다.
대신 계속 성장하라. 물질적 성장 대신 개인적 성장을 선택하라. 물질적 성장
에는 한계가 있지만 개인적 성장에는 한계가 없다. 깨달음을 얻으면 그대는
만인과 만물의 친구가 된다. 깨달음을 얻으면 자신과 다른 사람 그리고 세계
의 참모습을 알게 된다.

䷖ 23. **속임수에 대처하라** Cope with Deceit(박剝)

속임수를 조심하라. 이는 조직을 약화시키고 개성을 해치며 나쁜 분위기를 조성한다. 부정직한 사람들에게 정직하고 진심으로 대하되 그들처럼 속임수를 쓰지 마라. 그들이 성공한 것 같고 그들을 멈추게 할 방법이 없을 것처럼 보인다. 그들을 멈추게 하려면 용기와 인내가 필요하고 더 나은 가치를 위해 헌신해야 하며 유능하고 믿을 수 있는 사람들의 도움이 있어야 한다. 쉽지 않은 일이지만 희망이 없는 것은 아니다. 속임수는 진리와 선의의 빛을 약하게 하다. 악은 그 속에 자멸의 씨를 품고 있다. 진리와 정의의 편에 남아 있는 한 그대는 파멸하지 않는다.

䷗ 24. **작은 좌절** Minor Setbacks(복復)

장애물과 좌절이 꼭 손해는 아니다. 장애물과 좌절을 평정을 되찾는 데 이용하여 꾸준히 앞으로 나아가라. 강한 자제력을 발휘하면 훨씬 쉽게 회복할 것이다. 존경하는 사람처럼 되려고 노력하면 도움이 된다. 그대는 옳은 일보다 현실적으로 이익이 되는 일을 하려는 경향이 있을지 모른다. 또 장기적으로 보아 최선인 방법 대신 빠른 해결책을 쓸지도 모른다. 이렇게 하면 큰 해는 입지 않더라도 자신에게 좋지 않다. 모르는 사람들과 일하는 것도 도움이 될 수 있지만 친구들과 협력하는 편이 더 낫다. 친구들은 그대를 있는 모습 그대로 받아들이기 때문이다. 자신의 약점을 깨닫고 변명하지 말라. 조심하라. 서두르면 큰 손해를 감수해야 할 것이다.

䷘ 25. 계속해서 단순해져라 Keep It Simple (무망无妄)

어린이 같은 단순함은 계속 발달시키고 활용해야 할 미덕이다. 그것은 옳기 때문에 옳은 일을 하는 것과 같다. 물질적 부는 때가 되면 찾아온다. 하지만 약간의 차이는 있을 것이다. 그대는 원래 강하고 회복이 빠른 사람일 수 있다. 그러니 자신의 모습을 지키면 어떤 해도 입지 않을 것이다. 불운이 닥쳐도 그냥 오도록 내버려 두어라. 순리대로 흘러가도록 놔두어라. 그러면 어떤 조치도 취할 필요 없이 문제는 저절로 해결될 수 있다. 어떤 일이 벌어지건 현실을 받아들인다면 그대는 그 일을 일으킨 순리의 일부가 될 것이다. 그러나 순리를 거스른다면 혼자가 될 것이다.

䷙ 26. 자신을 다스려라 Control Yourself (대축大畜)

심각한 문제에 부딪혔을 때도 자제력을 잃지 마라. 상황이 절망적일지라도 자포자기해서는 안 된다. 차분하게 내면의 힘에 집중하라. 비슷한 문제를 겪었던 사람들이 도움을 줄 수 있다. 문제가 해결된 것처럼 보일지라도 위험요소가 남아 있다는 사실을 알고 경계심을 늦춰서는 안 된다. 거대한 힘에 부딪히면 자신만의 전술로 신속하게 대응하라. 문제의 근본 원인을 이해하면 문제를 더 효과적으로 제어하고 해결할 수 있다. 이러한 방법들을 사용하여 난관을 극복하고 앞으로 나아가라.

䷚ 27. 자신과 다른 사람을 도와라 Help Yourself and Others (이頤)

사람들은 이기적이고 다른 이를 시기하고 욕하거나 이용해 먹으려는 경향이 있다. 하지만 이렇게 해서는 좋은 결과를 초래할 수 없다. 자신의 강점과 약점을 아는 유능한 사람은 늘 필요한 존재다. 자신이 존경하는 사람처럼 되려고 노력하라. 다른 사람의 사례나 충고를 따르라. 늘 혼자의 힘으로 성공할 수 있는 건 아니다. 다른 사람들과 지식을 공유하라. 이렇게 하면 강해져서 역경을 딛고 일어나 성공할 수 있으며 다른 사람들도 그렇게 하도록 도울 수 있다.

28. 문제를 파악한 뒤 현명하게 움직여라 Know, Then Move Wisely(대과大過)

중요한 문제를 면밀하게 연구하면 강한 힘을 얻게 된다. 다른 사람에게서 통찰력을 얻을 수도 있는데 심지어 그 사람이 자신보다 아랫사람일 수도 있다. 따라서 지나친 자신감을 경계하라. 성급하고 어리석게 행동하거나 좋은 충고를 무시하면 더 많은 문제를 야기하고 상황을 악화시킬 수 있다. 윗사람만 믿어서는 안 되고 다른 사람을 무시해서도 안 된다. 이 충고에 따르지 않는다면 더 큰 어려움에 빠질 것이다. 자신과 다른 사람들의 내면의 힘을 이용하라. 옳은 일을 하라. 시련이 계속될 것처럼 보일지 모르지만, 옳은 일을 하면 충분한 보답을 받을 수 있고 바른 길을 벗어나지 않고 자신을 발전시키는 데 도움이 된다.

29. 희망을 가져라 Have Hope(감坎)

자신이 처한 상황이 희망 없어 보이는 것은 옳지 못한 일을 하거나 방황하고 있기 때문이다. 어느 쪽이라도 계속된다면 문제는 악화되고 만다. 문제를 해결하려고 아등바등하면 문제가 더 커진다. 문제는 곧바로 해결될 수 없으며 현명한 방법으로 대처해야 조금씩 해결할 수 있다. 적당한 시간이 되거나 해결책이 저절로 나타날 때까지 어떤 조치도 취하지 말라. 그렇게 하지 않으면 문제가 더욱 복잡해질 수 있다. 정직하고 진실하며 적당한 속도로 일을 진행하라. 아첨과 술수 또는 뇌물을 쓰지 마라. 지나치게 야망에 불타오르면 더 많은 문제가 생길 것이다. 장애물을 극복할 정도의 힘만 사용하라. 행동하되 지나쳐서는 안 된다. 자신의 강점을 이용하라. 그렇지 않으면 약점이 강점을 압도해 실패하게 될 것이다.

30. 혼란을 피하라 Avoid Confusion (이離)

　세세한 일에 너무 많이 신경 쓰면 상황이 혼란스러워질 수 있다. 주된 원인이나 근본적인 생각을 이성적으로 찾을 때 문제를 더 쉽게 해결할 수 있다. 나이가 든다는 건 일상의 많은 세세한 일들에 압도당함을 뜻할 수 있다. 세세한 일들에 일일이 압도당하면 삶이 암울하다고 믿을 수도 있다. 나이가 들면 삶이 헛되다고 느낄 수 있다. 삶이 헛되다고 생각하면 냉소주의에 빠질 수 있다. 이런 건전하지 못한 믿음을 지니고 있지는 않은지 자신을 들여다보아라. 만약 있다면 그 믿음이 큰가? 그러한 믿음에 현혹되지 말고 자신의 중심으로 돌아가 자신의 가치관, 자기 존재의 본질을 되찾아라. 어떤 상황에 처했을 때 세세한 일들에 휘말려 올바른 판단력을 잃지 말고 문제의 중심, 핵심을 다루어라.

31. 영향력을 현명하게 이용하라 Use Influence Wisely(함咸)

영향력은 강한 힘인데 항상 쉽게 이 영향력을 행사할 수 있는 것은 아니다. 그대는 다른 사람에게 영향을 미치면서 그 사실을 인식하지 못할 수도 있다. 너무 순종적이고 감상적이며 환심을 사려 하거나 산만하면 영향력이 약하다. 자신감이 없고 설득력이 없는 말을 할 때도 마찬가지로 영향력이 약하다.

32. 성숙함을 중시하라 Value Maturity(항恒)

성숙한 사람만이 오래간다. 충동적이거나 힘을 과도하게 혹은 부주의하게 사용하는 것은 미성숙하다. 자기 자신을 잃지 말고 자신을 다스려라. 그렇지 않으면 사방에서 문제가 닥칠 것이다. 그러면 그대의 선의도 문제 해결에 아무 도움이 되지 않을 것이고 관습이나 전통도 마찬가지로 도움이 되지 않을 것이다. 성숙하다는 건 현명한 판단을 내리고 적당한 때에 올바른 일을 한다는 뜻이다. 이는 높은 관직에 있는 사람에게는 어려운 일이다. 그들은 자신에게 지워진 의무로 시야를 흐리고 힘을 빼며 걱정거리를 늘리기 때문이다.

33. 조용히 물러나라 Withdraw Serenely(둔遯)

더 나은 대안이 없을 때는 물러나는 것이 최상이다. 그런 상황에서는 조용하고 품위 있게 물러나라. 가까이에 전문가가 있다면 그대가 물러나는 데 간섭하지 않고 돕게 하라. 현실을 받아들이고 힘을 잃거나 자신의 이미지를 손상하지 않으면서 일을 진행하라. 어떤 상황에서도 신념이 흔들려서는 안 된다. 하지만 약한 사람은 그렇지 못하다. 타이밍이 중요하니 적당한 때에 주의 깊게 움직여라. 온갖 상황에 대비하라. 이 모든 일에는 신중한 생각과 계획이 필요하다. 설명할 필요도 없겠지만 반드시 물러나야 할 필요성이 자명해야 한다.

34. 인내하라 Be Patient(대장大壯)

최선을 다해 노력했는데도 자신의 위치에 낙담할 수 있다. 쓸데없는 열정만 넘칠 수도 있으니 열정이 지나치지 않도록 조심하라. 그러지 않으면 실패할 것이다. 기회는 오기 마련이니 자신의 열정으로 힘을 길러 대비하라. 너무 많은 기운을 쓰면 해로울 것이니 균형을 잡도록 노력하라. 인내하고 절제하면 만사가 형통할 것이다. 상황을 예리하게 파악하고 무관심해지지 말라. 안 그러면 기운이 약해질 것이다. 지나치게 공격적이 되어서는 안 된다. 그렇지 않으면 상황이 더욱 악화될 것이다.

35. 실패를 딛고 성공하라 Succeed in Failure(진晉)

성공하지 못하거나 승진에서 제외되더라도 침착하라. 승진한 뒤에 상관들과 의사소통하는 것이 더 어렵다고 느낄 수도 있다. 옳은 일을 하면 성공하고 보답을 받을 것이다. 계속 나아가라. 그대는 혼자가 아닐 것이다. 정직하지 않으면 정직하지 않은 대우를 받을 것이다. 자신을 인식하고 자제력을 발휘하여 성공하라. 실패와 실망을 돌아보지 마라. 모르는 사람들과 일하다가 잘못이 있을 때는 특별히 주의를 기울여 이를 바로잡아라.

䷣ 36. 오해를 극복하라 Overcome Misunderstanding(명이明夷)

옳은 일을 하려고 열심히 노력해도 때로는 오해와 비난, 조롱을 받는다. 하지만 자신의 본분을 다하라. 상처를 받아도 치명적이지는 않다. 인내하라. 그러면 더욱 강해지고 이윽고 성공이 찾아온다. 성공했을 때 절제하면 문제가 훨씬 쉽게 해결될 것이다. 문제에 깊이 몰두할 때는 자신의 힘과 가치를 지키기 위해 물러나라. 여기에는 용기와 통찰력이 필요하다. 만사가 암울해 보일 때는 자신이 지켜야 할 의무나 주변에 있는 도움의 손길을 알아보지 못할 수도 있다.

䷤ 37. 가정을 안정시켜라 Stabilize the Family(가인家人)

가정과 가족이 안정되려면 균형이 필요하다. 지나치게 관대하면 균형이 맞지 않아 나중에 아이들에게 문제가 생길 가능성이 높다. 엄격함과 관대함이 균형을 이루어야 하지만 관대함보다는 엄격함 쪽으로 약간 더 기울어야 한다. 아내가 가족을 위해 맡은 일을 정성껏 하는 것처럼 정부도 국민에게 도움이 되어야 한다. 아내가 돈을 잘 관리하는 것은 가족을 위한 것이다. 정부도 국민을 위해 그렇게 해야 한다. 남편이 단호하되 온건하고 공정하면 가정이 평화롭고 화합을 이룬다. 정부도 나라의 평화와 화합을 위해 그렇게 해야 한다.

䷥ 38. 혼란을 극복하라 Overcome Confusion(규睽)

압박감을 느끼거나 갈등이 생기면 실수가 많아진다. 그대가 필요로 할 때 그대를 떠나는 사람을 찾지 마라. 그들 스스로 돌아올 것이다. 어려울 때 문제를 일으키는 사람을 쫓아내려 하지 마라. 그들 스스로 떠날 것이다. 차이와 불신은 사람들 사이를 갈라놓는다. 유대감과 신뢰는 사람들을 단결시킨다. 절망적인 상황에서도 자신의 신념과 가치를 지키는 것이 중요하다. 적진에서 친구를 사귀어라. 그러면 목표를 달성하고 우정도 깊어질 것이다. 이렇게 하면 만사가 잘될 것이다.

39. 장애를 극복하라 Overcome Obstacles(건蹇)

그대 앞에 큰 장애물이 있다면 적당한 때에 조치를 취하는 것이 현명하다. 각자의 기량과 가치에 가장 적합한 해결책이 최선책이다. 때로는 행동을 삼가고 힘을 유지하는 편이 나을 때도 있는가 하면 때로는 다른 사람들과 함께 행동하여 힘을 키우는 편이 나을 때도 있다. 또 단독으로 행동하여 사람들을 자기편으로 끌어들이는 것이 나을 때도 있고 아무것도 하지 않고 공격보다는 방어를 하는 것이 나을 때도 있다. 최선의 방법을 선택하라.

40. 멈추어라, 그리고 성장하라 Stop, Then Grow(해解)

아무런 방해가 없다면 멈추어 아무 일도 하지 말아야 할 때다. 끈기 있게 나쁜 영향력에서 벗어나 자신의 위치를 강화하라. 이렇게 할 때는 절제해야 한다. 지금이 새로운 친구를 사귀기에 가장 좋을 때다. 보상이나 승리가 그대를 망치지 않게 하라. 자신을 쇄신하라. 계속 같은 방향으로 나아가라. 이렇게 하면 미래의 성공은 보장된 것이나 다름없다. 통찰력과 힘을 얻고 어떤 방해물도 더욱 쉽게 극복할 수 있을 것이다. 그대에게 동의하지 않는 사람이라도 그대가 옳은 일을 하려고 노력한다는 점은 알 것이다.

☰ 41. 이기심을 버려라 Be Selfless(손損)

상관을 도울 때는 그렇게 해도 아무런 해가 없을 때 하라. 품위를 지키며 정직하게 도울 수 있고 그대에게 해가 없다면 상관에게 충성하라. 두 사람이 만나면 관심사가 비슷하기 때문에 친해질 수 있지만 세 사람이 모이면 차이가 너무 커서 가까워질 수 없다. 나쁜 습관을 없애면 더 다양한 사람들과 우정을 쌓게 될 것이다. 그리고 성공으로 가는 길에 징애물이 적어질 것이다. 힘과 영향력이 강해져서 이를 이용해 더 좋은 결과를 낼 수 있다. 다른 이들이 그대를 진실하고 악의 없는 사람으로 보고 그대와 함께할 것이다.

☰ 42. 높은 권력을 이용하라 Use Higher Power(익益)

권력이 높은 사람에게서 도움이 오니 현명하게 이용하라. 그대의 선량함이 권력자의 선량함과 조화를 이루면 성공할 것이다. 실패에서 배우되 실패를 곱씹지는 마라. 의견 차이를 조정할 때는 공정하고 온건한 입장을 취하라. 그러면 신뢰를 얻을 것이다. 옳기 때문에 옳은 일을 하라. 이기적인 동기에서 벗어나라. 상황을 잘못 이해하거나 너무 성급하게 행동하면 실패하고 다른 사람들도 더 이상 그대를 믿거나 그대에게 속마음을 털어놓지 않을 것이다.

䷪ 43. **고수해라** Hold On(쾌夬)

신중한 생각이나 계획 없이 성급하게 행동하면 실수가 뒤따를 것이다. 주
의를 기울이고 통찰력을 발휘하면 어떤 실수도 없을 것이다. 우호적이 되어
야 할 시기지만 단호해야 하며 적대적이어서는 안 된다. 처음에는 오해를 받
을 수도 있다. 상대가 도발하더라도 반응하지 말라. 그렇지 않으면 자제력을
잃을 위험이 있다. 힘든 고비를 넘기려면 굳은 확신을 가져야 한다. 성공은
가까이 있지만 혼자서는 이룰 수 없다. 그대가 혼자라면 지금 겪고 있는 문제
가 되풀이될 것이다.

䷫ 44. **반대세력을 중립적인 입장으로 바꾸어라** Neutralize Negatives(구姤)

반대세력의 영향력 아래에서는 너무 강경하게 행동하지 말고 온건함으로
대처하라. 그대는 그들의 반대편에 서고 싶을지도 모른다. 그렇게 중요한 결
정을 하기 위해서는 많은 통찰력이 필요하지만, 기다려라. 그러면 결정할 필
요도 없이 상황이 해결될 것이다. 그대는 다수파에 속하지 않기 때문에 그대
를 지지하는 사람의 수는 한정된다. 아랫사람을 자애롭게 대하고 포용하라.
남을 비난하면 내가 비난받을 것이며 진리를 말하지 않으면 평판이 떨어질
것이다.

䷬ 45. **화합을 이루어라** Unify(췌萃)

다른 사람들과 일체감을 느껴라. 요청하면 도움을 받을 것이다. 그러면 생

각이 뚜렷해지고 더 큰 만족을 느끼게 될 것이다. 그대와 다른 사람들을 잇는 정신은 그대의 지식을 넘어선 문제이다. 열린 마음으로 대하고 거부하지 않으면 성공이 뒤따른다. 누군가가 방해한다면 도움을 줄 수 있는 다른 사람을 찾아 친구가 되어라. 어색함은 지나간다. 친구들은 서로 믿고 같은 목표를 향해 긴밀하게 협력한다. 그대는 지도자로 받아들여져서 큰 노력을 기울이지 않고도 성공할 것이다. 그대는 오해받을 것이며 누군가에게 이용당할 것이다. 하지만 옳은 일을 하면 이런 문제가 서서히 사라질 것이다. 친구가 된 사람이 그대를 오해하는 일이 일어나 슬프겠지만 일체감으로 문제를 헤쳐나갈 수 있을 것이다.

䷭ 46. 앞으로 나아가고 위로 올라가라 Onward, Upward (승升)

방법은 자신에게 솔직해지는 것이다. 그대의 진심과 능력, 헌신이 분명히 드러나고 좋은 반응을 얻는다. 심각한 장애물이 없기 때문에 좀 더 강하게 밀어붙이고 싶을 수도 있다. 하지만 그대의 성공은 어느 정도 영적인 것이며 위에서부터 왔다는 사실을 인식하라. 즉 친구들의 보살핌과 상관의 믿음 덕분이다. 이를 명심하고 성공을 당연하게 여기거나 혼자 힘으로 이루었다고 믿지 마라. 사려 깊고 조심스럽게 나아가라. 그렇지 않으면 제대로 되는 일이 없을 것이다.

䷮ 47. 깨우쳐라 Enlighten Yourself (곤困)

상황을 인식하지 못하고 주의를 기울이지 않는다면 고생할 것이다. 단순히 일상적으로 벌어지는 상황일지라도 처음 겪는 일이면 그대는 당황스러울 것이다. 좋은 상황도 나쁘게 보일 수 있다. 그대의 조언을 구하는 권력자가 그대를 도울 것이다. 고요한 명상으로 자신을 발견하고 자신에게 집중하라. 혼란스러우면 예민해져 실수를 저지르기 쉽다. 아랫사람을 자애롭게 도우면 그대에게도 이로울 것이다. 윗사람이나 아랫사람과 문제가 있을 때도 이런 식으로 극복할 수 있다. 자기 자신을 다스려라. 역경에 굴하지 마라. 실수를 반성하고 실수에서 배운 교훈을 약점을 극복하는 데 이용하면 그대는 계속 발전할 것이다.

≡≡ 48. 악을 제압하라 Overcome Darkness (정井)

반대세력 속에 홀로 남게 된다면 이는 그대가 자신의 좋은 본성을 외면하고 능력을 완전히 발휘하지 않았기 때문이다. 상관이 그대의 힘을 이용하지 않았을 수도 있다. 그대의 친구들은 이를 보고 슬퍼할 것이다. 한동안 이런 문제로 고생할 것이니 멈추어 되돌아보며 다시 자신을 다스려라. 이런 시도는 해볼 만한 가치가 있다. 심지가 굳은 지도자는 그 본성과 능력이 자연스럽게 발휘될 때 성공하고 좋은 일을 할 수 있다. 이들이 존경받고 칭송받으면 다른 사람들을 돕고 그들에게 영감을 줄 수 있다.

≡≡ 49. 성공하라 Achieve Success (혁革)

좌절감을 느낄 때는 반격하지 마라. 적당한 때가 되었을 때 신중한 계획을 세우고 나서 다른 사람의 도움을 받아 행동하라. 그대가 공격적이지 않다 해도 누군가는 그대의 행동이 과하다고 생각할 수 있다. 그 사람들은 나중에 그들이 오해했다는 사실을 알게 될 것이다. 성공은 엄격한 가치관, 내면의 힘, 절제에서 나온다. 사람들이 그대에게서 이런 성품들을 보면 그대를 받아들이고 따를 것이다. 중요한 목표를 이루고 나면 작은 목표를 달성하라. 그래야 전체적인 성공이 완성된다.

50. 자제하라 Restrain Yourself(정鼎)

자신의 길을 꾸준히 가면 반대세력이 약해진다. 사람들이 시기하더라도 계속 자신의 길을 가라. 때로는 자신의 능력으로 해결할 수 없을 만큼 문제가 커 보일 수 있다. 때로는 그대의 엄격한 가치관이 낮은 실무 단계에서는 쓸모없어 보일 수 있다. 그 시기에는 해결할 수 없는 문제에 많은 노력을 허비할 수도 있다. 강한 욕구는 이를 만족시킬 자원 없이는 충족될 수 없다. 이런 상황에서는 모든 것이 수포로 돌아가고 창피를 당할 수 있다. 그대에게는 지혜가 있지만 이를 발견하여 현명하게 사용할 의지가 있어야 한다. 계속해서 겸손하고 받아들이는 자세로 임하면 모든 선善의 원천인 초자연적인 힘에 닿을 수 있다.

51. 걱정을 이겨내라 Overcome Anxiety(진震)

뜻밖의 사건들로 걱정거리가 늘어나지만 오래가지는 않는다. 실패의 대가가 클 수 있지만 성공할 수 있는 다른 방법들이 있고 손실을 회복할 수 있다. 실패가 거듭되면 계속 스트레스를 받을 수 있다. 딱 필요한 정도의 힘으로만 문제를 해결하면 이런 스트레스를 극복할 수 있다. 문제는 항상 존재하기 마련이며 원인을 발견하는 것이 가장 좋은 해결책이라는 사실을 알아야 한다. 절제하지 않는다면 문제가 더욱 커질 것이다. 이런 걱정의 악순환을 피하라. 그대는 이런 문제 때문에 비난받겠지만 옳은 일을 하면 불필요한 고통에서 벗어날 것이다.

52. 멈추어서 보고 들어라 Stop, Look, Listen(간艮)

멈춰서 자신과 상황에 대해 연구하라. 집중하여 명상하고 산만해지지 마라. 상관이 옳지 못한 일을 할 수도 있지만 그대에게는 책임이 없다. 그대는 그대가 한 일에 대해서만 책임을 질 뿐이다. 여가를 활용해 틀에 박힌 일상에서 벗어난 심오한 생각을 되새겨보라. 자기 자신을 잃지 말고 내면의 평화를 추구하는 데 최선을 다하라. 현명하게 말하고 말을 아껴라. 할 말이 없으면 침묵하여 창피를 모면하라. 이렇게 하면 우주의 본성과 연결될 것이다.

53. 계속 나아가라 Keep Going(점漸)

특별한 기술이 없으면 배우는 속도가 느리고 조롱받을 수도 있다. 기술이 없는 배움은 시간도 오래 걸릴 뿐더러 고통스럽다. 기술이 늘면 자신감도 커지고 사회적으로 인정받고 물질적인 보상도 뒤따를 것이다. 과하면 문제가 커질 것이다. 겸손하고 솔직하게 자신의 강점과 약점을 깨달아 그에 적응하기 전까지는 문제가 심각해질 것이다. 그대가 걷는 길에 부정직한 사람들이 있다 해도 그대는 성공하고 목표를 이루며 타의 모범이 될 것이다.

䷵ 54. 천천히 나아가라 Move On Slowly(귀매歸妹)

상관이 그대를 믿는다면 능력을 십분 발휘하여 신뢰에 보답하라. 단체의 약점이 그대의 기술과 선의로 극복될 것이다. 지금은 직접적이고 강경하게 행동해서 실패하는 것보다 내부에서 간접적이고 온건하게 도움을 주어 성공하는 편이 더 낫다. 자신의 가치관과 타협하거나 야망에 눈멀지 않도록 하라. 다른 사람들에게 감동을 주려면 거짓이 아닌 진심으로 행동하라. 이렇게 하면 깨달음이 높아질 것이다.

䷶ 55. 자신의 길을 찾아라 Find Your Way(풍豊)

미래의 지도자와 손을 잡으면 이득을 볼 것이다. 다른 사람들이 그 지도자를 이용하려고 그대를 방해할 것이다. 아무 대응도 하지 마라. 그렇지 않으면 그들에게 억울한 일을 당할 것이고 지도자의 신뢰를 잃을 것이다. 다른 사람이 주목을 받으면 그대의 영향력이 약해질 것이다. 지도자에게 정직하고 성실하라. 할 수 있는 한 최선을 다하라. 그대의 영향력이 커지고 입지도 강화될 것이며 능력과 성실성을 인정받아 승진할 것이다. 성공으로 인해 자신을 망치고 가족이나 친구들과 멀어지지 않도록 조심하라.

䷷ 56. 솔직하라 Be Real(여旅)

성급하면 충동적으로 행동하게 되어 어떤 대가를 치르더라도 성공하려고 아등바등하게 된다. 이런 욕망은 좋지 않으며 문제를 야기할 것이다. 겸손하고 자신의 진실성을 중요하게 여기는 편이 더 낫다. 성공에 대한 조바심이 성공을 가져올 수도 있겠지만, 더욱 이기적이고 냉정한 사람이 되어 얻은 것을 잃게 될 것이다. 자격 없는 사람은 야심은 크지만 능력이 모자라며 자신에 대해 잘 모르기 때문에 불행하다. 당신도 그런 사람이라면 영향력 있는 이들의 도움으로 한동안 성공할 수도 있지만, 이기적이고 냉정하며 성공할 자격이 없는 사람이 될 것이다.

䷸ 57. 신중하게 다뤄라 Care Carefully (손巽)

혼란스러울 때, 혹은 그대가 이해하지 못하거나 알지 못하는 반대세력의 영향을 받을 때는 자신을 잘 다스려야 한다. 반대세력을 발견하고 알게 되면 그들의 힘이 약해질 것이다. 반대세력을 발견하지 못하고 알지 못하면 그들의 힘이 더욱 강해질 것이다. 반대세력을 많이 찾아내더라도 대응할 시간이나 방법이 없다면 성공할 확률이 낮아진다. 성공 여부는 힘을 키우고 자신을 존중하며 다른 사람들의 신뢰와 존경을 얻을 수 있는가에 달려 있다. 각 단계를 시작하기 전, 하는 도중, 끝낸 뒤의 상황을 점검하면서 꾸준히 나아가라.

䷹ 58. 열이 아니라 빛을 추구하라 Seek Light, Not Heat (태兌)

내면의 평화를 경험했다 해도 그대는 계속 쾌락을 열망하거나 재산을 축적하려고 할 수 있다. 품위와 진실성을 지켜라. 결과를 고려하지 않고 즉각적인 쾌락을 추구하면 불행이 닥칠 것이다. 쾌락을 언제, 어떻게 쫓을지 결정하지 못하면 고통이 더욱 커진다. 깨달음이라는 더욱 고귀한 쾌락을 추구하는 편이 낫다. 종종 이기심과 어리석은 자존심 때문에 물질에 대한 탐욕이 자라난다. 자신의 이기적 쾌락을 위해 그대를 이용하려는 사람들을 조심하라.

59. **자연스러워져라** Be Natural(환渙)

자연스럽게 욕구가 충족되면 오해받지 않을 것이다. 어떤 사람이나 일에 대해 심하게 나무라면 사람들이 그대를 멀리할 것이다. 어떤 사람이나 어떤 일이라도 포용한다면 사람들이 그대를 따를 것이다. 절제하며 일을 진행하면 나중에 후회가 없을 것이다. 사랑받고 싶으면 사랑을 베풀어라. 누군가를 되찾고 싶다면 자신을 버려라. 이 사실을 아는 것이 깨달음을 얻고 자기중심적이지 않으며 이타적인 사람이 되는 길이다. 힘든 때는 이러한 태도가 행복과 평화를 얻는 열쇠이다. 위험이 사라지고 안전해져서 안심할 수 있다.

60. **현명하게 행동하라** Move Wisely(절節)

자신의 한계를 알고 이를 넘어서지 마라. 지금은 행동할 때이다. 기다리면 너무 늦다. 주의 깊게 계획을 세운 뒤 그대로 행동하면 만사형통일 것이다. 이렇게 하지 않으면 실패할 것이다. 시간이나 노력을 낭비하지 마라. 문제의 모든 측면을 파악하라. 적절한 시기에 꼭 필요한 행동만 취하라. 다른 사람에게 지키라고 한 규칙을 본인이 솔선수범하여 따른다면 존경을 얻는다. 지나치게 규칙을 강요하면 저항을 불러일으킬 것이다. 정의에 따라 신속하고 공평하게 일을 처리해도 얼마간의 악의는 끈질기게 남아 있다는 사실을 알라.

61. **마음을 열어라** Open Up (중부中孚)

명확하고 열린 마음으로 생각하며 일어날 수 있는 문제들을 파악하고 준비할 때이다. 마음을 닫으면 나쁜 결과를 초래할 것이고 마음을 열면 좋은 결과를 얻을 수 있다. 다른 사람들에게 너무 의존하면 본인이 열등하게 느껴지고 자신감을 잃을 것이다. 이러한 느낌은 정녕 자기 자신을 나타내는 것이 아니다. 차분하고 수용적 태도를 유지하면 위에서부터 도움이 올 것이다. 도움이 오면 이를 받아들여 이용하라. 그대만을 위한 도움이기 때문이다. 받은 도움을 이용할 때는 말을 조심해야 한다. 자신이 받은 것을 말로 표현하기 어려울 수 있기 때문이다. 자연스럽고 진실하며 자신의 신념을 지킨다면 신비로운 화합을 경험할 것이다.

62. **겸손하라** Be Moderate (소과小過)

서두르지 말고 차분하게 인내심을 가져라. 높은 식견을 활용할 준비를 갖추어라. 성공을 거둬도 다른 사람의 도움이 필요하다. 세심하게 주의를 기울이고 절제하며 행동하라. 이 충고를 무시하면 실패할 것이다. 도와줄 사람이 없다면 기다려라. 인내심을 가져라. 노련한 조력자가 나타나 그대가 성공하도록 도울 것이다. 세부사항에 지나치게 신경쓰면 자신과 다른 사람들이 괴로워질 것이다.

63. **성공이 실패를 부를 수 있다** Success Fails (기제旣濟)

일 때문에 혼란스러워지기 전에 그 일을 끝내라. 그대가 일을 잘해도 윗사람은 그대를 신뢰하지 않을 수 있다. 유능한 지도자는 계속적인 성공을 보장하지만 무능한 지도자는 작은 성공조차 이어가지 못한다. 승리를 거뒀다고 자만하고 경쟁심을 드러내면 적들은 새로운 전투를 준비할 것이다. 승리를 거둔 후 만사가 잘될 때는 많은 문제들을 간과할 수 있다. 실제 일어난 일임에도 불구하고 사람은 좋건 나쁘건 자신의 감정에 영향을 받는다. 이러한 점을 명심하고 그 속에 숨겨진 실패할 위험을 피하라.

64. 좋은 계획을 세우고 실천하라 Plan Well, Do Well(미제未濟)

혼란스러워도 계속 발전해 나가라. 적절한 시기를 놓치면 실패할 것이다. 자신을 다스리고 자신의 힘과 기술을 유지하라. 적절한 시기에 행동하되 혼자서는 성공할 수 없다는 걸 명심하라. 혼자 하려다가는 실패할 것이다. 지금 이 상황은 그대의 힘과 기술로는 헤쳐나갈 수 없다. 현 상황을 어떻게 해결하는지가 그대의 앞날에 영향을 미칠 것이다. 심각한 문제에는 훌륭한 해결책이 필요하다. 당장 필요한 것부터 먼저 검토하라. 긍정적으로 생각하고 진실로 행동하면 다른 사람에게 도움을 받을 것이다. 그러면 성공하여 문제가 해결되고 더 밝은 미래가 보장될 것이다. 그 후에는 긴장을 풀고 승리를 즐기되 적당히 해야 한다. 지나치면 얻은 것을 모두 잃을 수도 있다.

6장
인도의 빛 요가

요가나무에는 여덟 개의 가지가 있으며
그 열매는 평온이다.

—고대 속담

요가의 기원

요가는 문자가 등장하기 전부터 나타났을 것이다. 하지만 요가문학은 요가 학파의 원조로 불리는 인도의 철학자 파탄잘리Patanjali가 『요가 경전*Yoga Sutra*』을 쓴 기원전 2세기 후반부터 시작되었다.

요가는 철학이자 명상으로 자기계발을 하는 체계이다. 요가라는 단어는 '얽어매다to yoke' 혹은 우주적 의식 및 브라마와 합일한다는 뜻인 산스크리트어 유가yuga에서 비롯했다. 요가는 한층 더 높은 존재의 단계에서 업으로 말미암은 윤회의 굴레에서 벗어나고(모크샤moksha, 해탈) 물질적인 세속에서 해방되도록(모크샤 사스트라moksha sastra) 도와주는 잘 짜인 자기훈련의 수련체계이다.

요가에는 여덟 개의 단계가 있는데 힌두교의 옛 속담은 이를 "요가 나무에는 여덟 개의 가지가 있으며 그 열매는 평온이다"라는 말로 표현했다. 요가수련을 하는 남성을 요기yogi, 여성을 요기니yogini라고 부른다. 개인적인 신앙이 반드시 필요한 건 아니며 무신론자도 요기나 요기니가 될 수 있다. 요가는 대다수의 종교와 갈등을 빚지 않는다. 서양인은 주로 운동이나 명상을 위해 요가수련을 한다. 최후의 해탈과 가까운 곳까지 갔다고 생각되는 사람들을 노인old souls이라는 애정 어린 표현으로 불렀다. 간디도 노인으로 불리며 존경받았다.

요가의 전통

요가에는 다양한 전통이 있다.

- 아스파르샤Asparsha 요가 접촉을 피하는 요가no-touch yoga로 자연에서 은둔생활을 하는 것과 관련이 있다.
- 박티Bhakti 요가 자제력(야마yama) 그리고 불안이나 불확실성을 극복하는 신이나 자연의 비이기적인 사랑을 강조하는 의례적·종교적 요가다.
- 기야나Gyana 요가 추론과 분석하려는 의지를 발달시켜 무지에서 벗어나는 지혜의 요가다. 지식의 요가the yoga of knowledge라고도 한다.
- 하타Hatha 요가 서양에서 인기가 있는데 건강과 행복을 위해 신체단련과 지적훈련을 통해 신체를 지배하는 것을 강조한다.
- 주나나Jnana 요가 현실과 비현실에 대한 명상을 강조하며, 요가철학에서는 비현실로 여기지만 서양에서는 현실로 보는 것들을 포기하도록 하는

더욱더 철학적인 요가다.

- 카르마Karma 요가 개인의 이익이나 물질적인 소득을 바라지 않고 사랑으로 봉사하여 자아와 이기심을 극복하는 요가이다.

- 쿤달리니Kundalini 요가 척추 맨 아랫부분에 똬리를 틀고 있는 초자연적 에너지인 뱀의 힘serpent power이다. 이 힘은 명상을 통해 차크라chakra, 즉 몸의 중심부로 상승한다.

- 만트라Mantra 요가 옴Om*, 또는 크리슈나Krishna 같은 만트라 및 개인이 필요에 따라 선택한 만트라를 외면서 명상하는 데 바탕을 둔 요가다. 만트라는 짧은 음절로 이뤄진, 사물과 자연의 근본 진동으로 되어 있다는 소리나 주문을 말한다.

- 라자Raja 요가, 또는 왕의royal 요가 박티, 카르마, 쿤달리니, 만트라, 주나나 요가가 혼합된 것으로 집중적인 자기분석으로 마음의 안정을 추구한다. 라자는 왕이라는 뜻이다.

하타 요가는 서양에서 인기가 있다. 서양인은 주로 운동과 긴장 완화를 목적으로 이 요가를 한다. 호흡과 신체수련, 손짓(무드라mudra), 구호(찬트chants), 감각 제어, 집중력(자제력), 명상(정신 제어)은 요가의 여덟 단계를 잘 진행해 나갈 수 있도록 도와준다.

주의 사항! 철저한 정통 요가는 훈련이 매우 엄격하여 서양인이 하기에는 힘들 것이다. 예를 들어 정자와 난자가 영적인 발전을 방해한다고 믿기 때문에 전통적으로 성교를 금한다. 몸을 청결히 하는 옛 수행법 중에는 물이 담긴

---

* 그렇게 되기를 바란다는 의미를 가진 신성한 주어呪語.

대야 위에 웅크리고 앉아 항문으로 물을 빨아들이는 것도 있었다. 또 수행자가 몇십 센티미터 길이의 얇은 수술용 천을 한쪽 끝을 잡고 삼킨 뒤, 다시 밖으로 잡아당기는 수행법도 있었는데 이렇게 하면 위가 깨끗해진다고 믿었다. 목에 기도가 하나밖에 없는데도 왼쪽과 오른쪽 콧구멍으로 번갈아 숨을 쉬면 각 뇌의 양쪽을 깨끗이 할 수 있다고도 생각했다. 고대 철학은 그 시대의 지식을 반영했으므로 때로는 오류, 신화, 미신을 바탕으로 한다. 오늘날에는 열성적인 수행자들이나 이런 수행을 한다.

고대인은 인간의 영혼이 초인적인 실지悉地(siddhi)*를 발휘할 수 있으며 심지어 자연의 섭리도 거스를 수 있다고 믿었다. 이런 특별한 능력을 실험으로 증명했는데 이를테면 가사상태에 들어간 요가수행자들이 공기가 밀폐된 방 안에서 살아남은 사례가 있다. 일반인이라면 그 안에서 목숨을 잃었을 것이다. 적절하게 규칙적으로 요가를 하면 몸과 마음의 기운을 북돋을 수 있다. 요가수행자들은 스트레스가 줄어 스트레스에 대처하는 능력이 향상되었다고 보고한다. 행동치료사, 의사, 정신건강 전문가들은 마음상태를 안정시키는 데 생체자기제어biofeedback**, 최면, 마사지, 운동을 이용한다. 이는 현대의 과학이 부지불식중에 고대의 방법을 개선시켜 사용하는 예이다.

요가 나무의 여덟 가지

요가 체계에 따르면 모든 사람에게는 근본 물질(프라크리티prakriti)과 참된

---

* 비법을 배워서 진언眞言의 묘과妙果를 성취하는 일.
** 심장박동처럼 보통 의식적으로 제어가 안 되는 체내 활동을 훈련하는 방법.

자아(푸루사purusha)가 있다. 근본 물질은 물질적 몸과 마음(심리적 자아)이며 참된 자아는 순수의식 혹은 명상적 · 영적 인식을 말한다. 참된 자아는 몸과 마음으로부터 독립적이라서 사후에도 계속 남아 있는 영혼(영적 자아)이다. 정통 요가에서는 구루guru*의 개인지도가 필요하다. 처음 네 개의 가지는 외부의 요인이나 속세와 일상적 현실에 대한 단순한 감각을 통제하도록 돕는 반면, 나머지 네 개의 가지는 더욱 집중하여 자신을 성찰하며 명상을 통해 더 높은 인식을 얻기 위한 것이다. 여덟 개의 가지는 연속적이라 순서대로 습득해야 하지만 서로 상호의존적이다. 한 단계를 완전히 익히면 다른 단계를 습득하는 데 도움이 된다.

1. 야마yama

야마는 자제, 자기훈련, 혹은 도덕적 판단을 직접적 · 의식적으로 통제하는 단계다. 이 단계를 완전히 익히려면 정직하고 겸손하며 어떤 생명에도 해를 끼치지 않겠다고 굳게 약속해야 한다. 야마를 이루려면 자기 자신과 다른 사람에게 의도적으로 고통을 주지 않는다는 비폭력(아힘사ahimsa), 좋은 것만을 생각하고 말하며 행하는 진리(사티야satya), 형체가 있든 없든 자기 소유가 아닌 것을 생각, 말, 행동으로 취하지 않는 불투도不偸盜(아스테야asteya), 자랑이나 장난으로라도 생각이나 행동, 또는 모습이나 말이 불순하지 않도록 자제하는 순수(브라흐마차르야brachmacharya), 자신이 가진 것(적거나 없는 편이 오히려 낫다)에 만족하고 물질적 보상을 전적으로 거부하는 만족(아파리그라하aparigraha)이라는 다섯 가지 금계를 익혀야 한다.

---

* 힌두교, 시크교의 스승이나 지도자.

148

수행법 자신이 자신에 대한 사실, 장점, 약점을 말해 줄 수 있는 제일 친한 친구, 또는 누군가라고 상상하라. 프랑스의 철학자 장 자크 루소, 심리치료사 칼 로저스Carl Rogers, 그리고 선불교 신자들은 모두 마음 깊은 곳에 자신들을 괴롭히는 문제에 대한 해답을 갖고 있으며, 자신들을 위해 옳은 것이 무엇인지 안다고 말했다. 이러한 숨겨진 지혜를 가리키는 다른 이름으로 '몸의 지혜wisdom of the body', '작고 고요한 목소리the still, small voice', '상식common sense' 등이 있다. 종교와 치료는 다른 사람이 나를 보는 것처럼 내가 나 자신을 보도록 도와줄 수 있지만 실천은 자신의 몫이다. 즉 직접 실제 행동으로 보여주어야 한다. 야마를 경험하려면 적어도 하루에 한 번씩 좋은 것(완전히 예상 밖이고 이기적이지 않은 무엇)을 의식적으로 말하고 행하라.

2. 니야마Niyama

니야마는 성실한 자기성찰을 통해 긍정적인 영적 가치를 찾고 그것을 일상에서 실천할 수 있도록 의식적으로 절제하는 선택을 하는 단계다. 이것은 개인이 지닌 습관이나 특성보다는 영적 가치에 초점을 맞춘다는 점에서 야마와는 다르다. 니야마의 목표는 선한 것을 열린 마음으로 진지하게 추구하는 것인데, 선행을 하려는 노력이 뒤따라야 한다. 여기에는 해를 끼치지 않기 위해 조심하고 배려하는 것도 포함된다. 니야마 수행으로는 심신의 청정, 만족, 고행, 단점을 극복해야 할 과제로 활용하는 자기평가, 개인적 지위나 물질적 이익보다는 최고신에 대한 전념을 통한 영적 성장 등이 있다.

수행법 다음 다섯 가지 사항을 준수하면 니야마를 성취하는 데 도움이 된다. 밖(몸, 마음, 집안을 청결하게 하기)과 안(선량함과 선행을 베푸는 데 전념하기)

의 정화(사우차saucha), 어떤 어려움이 닥쳐도 긍정적인 태도를 유지하는 낙관주의(산토샤santosha), 다이어트나 단식 그리고 의미 있는 말과 진지한 성찰을 통한 자제(타파tapa), 반성 · 생각 · 찬트 · 명상을 통한 자기 수양(스바드야야svadhyaya), 우주적이고 보편적인 의식이나 영원한 정신에 대한 영적인 봉사로 말과 행동을 바치는 영성(이슈와라 프라니다나ishvara pranidhana)이 그것이다.

3. 아사나Asana

아사나는 자세와 체위를 적절하게 조절하는 걸 말한다. 이 단계는 더욱 고결한 의식을 발달시키도록 산만하지 않게 도와주며, 다음 다섯 단계에서 필요한 올바른 호흡, 혈액순환, 근육이완을 하게 해준다. 요가자세는 더 높은 우주의 힘을 최대한 많이 받아들이도록 몸속에 있는 힘의 중심부들을 활성화시킨다. 전설에 따르면 시바는 10만 가지 요가자세를 84번 취해 인간을 창조했다고 한다! 요가의 표준자세는 84가지가 있지만 오늘날 널리 사용되는 것은 33가지도 채 안 된다.

수행법 책상다리를 하고 꼿꼿이 앉아 양손바닥을 가까운 쪽 다리에 올리는 자세가 좋지만, 꼭 결가부좌를 할 필요는 없다. 정신을 집중하기에 좋으면서 졸음이 오거나 불편하지 않은 자세를 취하는 것이 목표다. 아사나는 '적당하다'는 뜻이다. 꽉 조이지 않는 편안한 옷을 입고 신발은 벗어야 한다. 신체적 욕구는 미리 해결해둔다. 주의를 흩트리거나 방해하는 것이 없는 조용한 장소가 좋다. 요기와 요기니는 한 번 시작하면 약 3시간 동안 명상하지만, 보통 사람들은 이렇게 하기 어렵다. 하루에 20~30분씩 규칙적으로 정해진 순서에 따라 수련하면 효과를 얻을 수 있다.

편안한 자세sukhasana 크리슈나는 『바가바드 기타』에서 이 자세를 "몸과 머리를 꼿꼿이 하고 움직이지 않고 앉아 마음을 다스리고 내면을 보는 것"으로 표현했다. 이 자세는 부분적인 가부좌이다. 바닥에 몸을 꼿꼿이 세우고 앉아 두 다리를 똑바로 뻗는다. 원한다면 얇은 방석을 사용해도 된다. 오른쪽 다리를 구부려 왼쪽 허벅지 아래에 넣고 왼쪽 다리를 구부려 오른쪽 허벅지 아래에 넣는다. 발가락을 잡고 발을 안쪽으로 끌어당긴다. 무릎은 가능하면 바닥에 붙이되 억지로 힘을 주어 내리지는 않는다. 똑바로 앉아서 머리를 꼿꼿이 들고 눈을 감은 채 손은 손바닥이 위를 향하게 하여 무릎 위에 놓는다. 손가락에 힘을 빼고 엄지손가락이 검지에 가만히 닿게 한다. 그리고 호흡을 의식하면서 긴장을 푼다. 시선이 흔들린다면 앞쪽에 가상의 점을 정해놓고 _그곳_을 응시한다.

송장자세Savasana 이 자세는 요가의 첫 네 단계에서 특히 유용하며, 많은 사람들이 요가를 마칠 때 마지막으로 이 자세를 취한다. 먼저 바닥에 등을 붙이고 팔을 벌린 채 눕는다. 손바닥이 위를 향하게 하고 손가락의 힘을 뺀 상태로 손을 허리에서 30센티미터 정도 떨어진 곳에 놓는다. 다리는 쭉 뻗어 약 30센티미터 간격으로 벌린다. 규칙적으로 호흡을 의식하면서 천천히 숨을 들이마시고 내쉰다. 규칙적인 호흡으로 몸의 긴장을 푼다. 몸의 안쪽부터 시작하여 팔과 다리, 손가락 끝과 발가락 쪽으로 신체의 각 부분을 차례로 의식한다. 여유를 가지고 이 과정을 수행하고 필요하다면 반복한다. 이완되는 느낌이 편안하게 퍼져나가야 한다. 목의 근육이 풀리면 머리가 한쪽으로 천천히 움직이고 얼굴 근육이 풀리면 턱이 약간 벌어진다. 그리고 다리 근육이 풀리면 발이 약간 바깥쪽으로 향한다. 그러면 근육이 잘 풀린 것이다.

백스트레치Pashimatasana 앉은 자세에서 두 다리를 모두 앞으로 쭉 뻗는다. 앞쪽으로 몸을 굽혀 머리는 무릎에, 팔꿈치는 바닥에 닿게 한다. 3분 동안 이 자세를 유지한다.

쟁기자세Halasana 송장자세에서 시작하지만, 다리를 모으고 손바닥을 아래로 한 채 팔을 옆구리에 붙인다. 두 다리를 바닥에서 30센티미터 정도 들어 올리고 천천히 다섯을 세면서 자세를 유지한다. 다리를 천천히 내리고 다섯을 센 뒤, 다시 들어 올리고 다섯을 센다. 익숙해지면 다리를 더 높이 들어 올린다.

코브라자세Bhujangasana 엎드려서 다리를 모으고 발끝은 쭉 뻗는다. 팔을 굽혀 손바닥을 가슴 높이에 오게 해서 바닥에 댄다. 다리는 계속해서 바닥 위에 똑바로 뻗고 손바닥으로 바닥을 밀어내면서 고개를 들고 가슴을 천천히 들어올린다. 그리고 공격하려는 코브라처럼 머리를 뒤로 젖힌다. 이 자세를 취하면 척추 뼈가 하나씩 올라가는 것을 느낄 수 있다. 호흡은 고르게 유지한다. 이 자세를 세 번 반복한다.

활자세Dhanurasana 엎드려서 다리를 모으고 발끝을 쭉 뻗는다. 팔은 옆구리에 붙이고 손바닥이 위를 향하게 한다. 무릎을 굽혀 오른쪽 발은 오른쪽 손에, 왼쪽 발은 왼쪽 손에 닿을 때까지 발을 들어 올린다. 발을 최대한 귀 쪽으로 끌어당긴다. 이 자세는 활을 당긴 모양과 비슷하여 활자세라는 이름이 붙었다. 이 자세를 세 번 반복한다.

4. 프라나야마Pranayama

프라나야마는 요가의 높은 단계로 계속해서 올라가는 데 필요한 마음의 평정을 얻기 위해 몸과 신체의 기관들이 안정을 찾을 수 있도록 하는 호흡조절이다. 프라나prana*는 공기와 호흡에 깃들어 있는 생명력이다. 숨을 들이쉬면서 우주의 정기, 즉 프라나를 섭취하고 숨을 참고 있는 동안에 그것을 자기화하는 특수한 호흡법으로, 우주의 에너지를 축적해 두었다가 신경활동의 영양소로 공급하는 것이다. 물고기가 물속에서 활기를 찾는 것처럼 인간은 공기에서 프라나를 찾는다. 요가철학에 따르면 프라나 에너지는 다른 사람과 나누거나 다른 사람에게 줄 수 있지만, 그렇게 하면 나누어준 사람이 약해진다. 찬물로 샤워를 하거나 놀라거나 고통스러울 때 숨이 턱 막히는 것은 몸이 프라나 에너지를 받아들이는 방법이다. 요가에서는 구강 대 구강 인공호흡이 위험에 처한 사람에게 산소를 공급하는 것 이상을 의미하는데 영적인 요소도 함께 불어넣는다고 보기 때문이다.

요가를 할 때는 보통 호흡연습이 포함되어야 한다. 전통적으로 호흡연습을 하는 시간은 해뜨기 전(화장실을 다녀온 뒤)과 해가 지고 나서 2시간 뒤이다. 가끔씩 심호흡을 하면 혈압을 낮추고 횡경막을 단련시키며 폐에 풍부한 산소를 공급하는 데 유익하다.

요가철학에 따르면 척추의 기저, 즉 생식기와 항문 사이에 힘의 중심인 물라다라 차크라muladhara chakra(힘의 중심점)가 있는데 심호흡을 하면 여기에서 우주의 생명에너지가 방출된다. 전통적으로 비슈누 무드라(엄지손가락을 한쪽 콧구멍에, 중지와 약지를 다른 쪽에 대는 동작)를 하여 한 콧구멍씩 번갈아가며 호

---

* 모든 생명체를 존재하게 하는 우주의 정기.

흡하기도 했는데 각 콧구멍이 몸의 같은 쪽 부분을 활성화시켜준다고 믿었기 때문이다.

풀무호흡Bhastrika 이 호흡법은 사하스라라 차크라sahasrara-chakra(머리의 정수리)로 침투하는 우주의 생명에너지를 방출한다고 믿어진다. 차크라는 신체에서 기가 모이는 부위를 말한다. 정상적으로 숨을 들이마시고 양쪽 콧구멍을 막은 뒤 오른쪽 콧구멍으로만 숨을 내쉰다. 그리고 계속 왼쪽 콧구멍을 막은 채 오른쪽 콧구멍으로 재빨리 숨을 들이마신다. 이번에는 왼쪽 콧구멍으로만 숨을 내쉰 뒤 오른쪽 콧구멍은 계속 막은 채 왼쪽 콧구멍으로 재빨리 숨을 들이마신다. 이를 10회 반복한다.

벌소리호흡Bhramari 좋아하는 명상 자세를 하고 눈을 감은 채 숨을 깊이 들이마신다. 그러고 나서 천천히 숨을 내쉬면서 가벼운 콧소리를 낸다. 이러한 벌소리는 나다nada라고 불리며 깊은 명상을 돕는 만트라로 온몸에 울려 퍼진다고 믿어진다.

5. **프라티아하라**Pratyahara

프라티아하라는 일상적인 광경, 소리, 냄새, 외부세계에서 느껴지는 감각에서 의도적으로 물러남으로써 감각을 제어하는 방법으로 내면으로 향하는 단계다. 선천적 중추中樞인 간뇌間腦와 후천적 중추인 대뇌를 개발하는 것이 목표이며 소위 육감, 본능을 지배하는 간뇌의 개발에 중점적인 수행을 한다. 인간은 오관의 속박이나 그릇된 감수에 의해서 참된 자신과 우주의 본체를 바로 보지 못하기 때문에 감각기관에 대한 자극을 차단하고 심신의 휴식을

154

얻자는 것이다. 프라티아하라는 의도적인 선택적 부주의이며, 감각적 자극을 용인하되 반응하지 않음으로써 마음의 평온을 구한다. 이 단계에서 얻을 수 있는 뚜렷한 효과는 일상에서 감각이라는 총탄세례를 받아도 마음의 소음이 줄어든다는 것이다. 일상의 소음에서 벗어나기 위해 찬트, 노래, 만트라를 이용할 수 있다.

전통적으로 구루가 수행자에게 만트라를 선택해주었는데 그 만트라는 그 수행자 혼자서만 사용하고 다른 사람과 공유하지 않았다. 만트라 구절을 명상하면서 마음속으로 외울 수도 있고 소리를 내어 외울 수도 있었다. 옴은 신성한 음절로, 현재도 널리 사용되고 있는 옛 만트라이다. 옴은 세 개의 음으로 이루어져 있는데 자각과 현실을 뜻하는 아AH로 시작하여 여행 혹은 영적 세계를 뜻하는 우OO, 온몸 깊이 울려 퍼지는 하나 되는 원리인 음MM으로 이어진다. 인쇄된 만트라를 명상에 사용할 수도 있다. 처음에 만트라를 본 뒤 눈을 감고 떠올리거나 다양한 목소리로 이 만트라를 듣는다고 상상하거나 실제로 소리 내어 왼다.

수행법 인파 속에 있을 때, 늦어서 달려갈 때, 지루한 회의 중이거나 길이 밀릴 때처럼 대개 서두르게 되는 시간에 몸과 마음을 진정시켜라. 가려움, 통증 또는 감각 신호(소리, 냄새, 촉각, 빛 등)를 무시함으로써 프라티아하라를 경험할 수 있다. 전화벨이 울리면 바로 받지 말고 전화벨이 더 오래 울리고 나서야 전화를 받거나 평소보다 우편함을 한 시간 늦게 열어보아라. 짜증스러운 광경이나 소리(떨어지는 빗소리, 똑딱거리는 시계 소리, 싫어하는 음악, 혹은 시끄러운 기계 소리)를 긍정적으로 활용하라.

창의성을 활용하라. 혁신하라. 좋아하는 명상 자세를 취하고 마음속으로 흘러들어오는 생각들을 살핀다. 정원사가 모종삽으로 흙을 뒤집듯이 생각들을 옮겨 가만히 한쪽에 치워둔다. 이러한 정원사의 이미지를 이용해 방해가 되는 생각들을 치워두면 좀 더 효과적으로 명상할 수 있다. 또 다른 유용한 이미지로는 잇달아 밀려왔다가 해변을 천천히 씻어내리는 파도의 이미지가 있다. 밀려왔다 밀려가지만 자연을 해치지 않는 파도와 같이 방해가 되는 생각들도 오갈 수 있지만 본질에 지장을 주지는 않는다. 프라티아하라에 통달하면 평온하고 사색적인 마음과 명랑한 낙천주의적 태도를 발달시킬 수 있다.

6. 다라나Dharana

다라나는 강렬하고 흩어지지 않으며 정교하게 정신을 집중하는 단계로, 흔히 '마음의 평정' 혹은 '한 대상에 대한 집중'으로 불린다. 이 단계는 집중을 방해하는 요소들이 무엇이든 최소화하고 제거하는 다섯 번째 가지 프라티아하라에서 자연스럽게 이어진다. 다라나는 물체, 생각, 느낌 속으로 깊게 들어가 하나가 되거나 일체감을 경험할 정도의 집중 상태에 이르는 데 사용된다. 다라나를 달성하려면 마음에서 다른 모든 것을 무력화시키고 제거하는 연습과 경험이 필요하다.

수행법 꽃, 나무나 관목, 카펫의 무늬, 천이나 옷, 그림이나 풍경의 일부분, 몸의 일부분이나 신체기능, 음악에서 한 악기의 소리, 음조나 리듬, 기계나 엔진 소리에 주의를 집중한다. 어두운 방에 켜놓은 촛불 하나가 다라나 명상에서 널리 사용되어 왔다. 촛불은 밝은 흰색과 노란색으로 된 바깥쪽에서 시작해 주황색을 거쳐 안쪽 깊은 곳의 푸른색에 이르기까지 서로 대조적인 빛과 어둠으로 이뤄져 있다. 밀랍은 고체에서 반고체를 거쳐 액체 상태로, 불투명 상태에서 투명한 상태로 변한다. 이러한 특성 때문에 불 켜진 초는 명상하기에 이상적인 대상이다. 물이 든 컵도 좋은 대상이다. 물이 든 컵은 단단하지만 젖어 있고 보는 면마다 빛을 다르게 반사한다. 물은 평화롭고 고요하다. 마찬가지로 뾰족하게 깎은 나무연필은 에나멜을 입힌 매끈한 옆면, 부드럽고 매끈한 나무, 단단하고 검은 연필심, 딱딱하고 차가운 놋쇠 틀 안에 든 말랑말랑한 고무지우개로 이루어져 있어 명상에 좋다. 복숭아나 살구 혹은 올리브 씨, 고무줄, 신문을 이용해도 좋다.

7. 디야나Dhyana

디야나는 다라나와 질적으로 다르다. 다라나가 고정된 상태, 심오한 집중 상태에 가깝다면 디야나는 열렬하고 열려 있으며 잘 받아들이는 상태로, 명상을 통해 인식을 얻는 단계다. 디야나에서 마음과 영혼은 다라나에서 사용하는 외부의 명상 대상 혹은 이미지에서 더욱 심오하고 내면적인 영적 명상의 단계로 옮겨간다. 디야나는 다라나와 느낌이 다르다. 다라나는 공예품을 만들 때처럼 진행과정과 세부사항에 더욱 주의를 기울이는 반면, 디야나는 특정한 동기 없이 느긋하고 고요하며 평화롭게 사색에 잠기는 것이다. 디야나에서 마음은 하늘처럼 활짝 펼쳐진 가장 자유로운 상태에 있다.

수행법 백일몽, 몽상, 평화로운 잠에 빠져들기, 좋아하는 음식을 맛보거나 눈을 감고 좋아하는 음악 감상하기, 편안하게 쉬기 등 디야나는 '시적인 표류' 혹은 '예술적인 휴식'이다. 선불교에서는 디야나를 '상상의 통나무에서 떨어지는 것'이라고 불렀다. '자신의 우물 속으로 빠지는 것'이나 '내려가는 에

스컬레이터에 탄 것'이라고 표현하는 사람들도 있다. 날씨가 맑은 밤에 검은 하늘을 배경으로 빛나는 달과 별을 보면서 디야나를 발달시킬 수 있다. 모래와 파도, 모래와 나무껍질의 감촉, 조개껍데기와 돌멩이, 바닷바람, 먼 바다의 파도 위에서 반짝이는 햇빛, 구름이 있는 해변은 수백 년 동안 명상의 대상이 되어왔다. 일출과 일몰, 산맥, 숲, 사막 혹은 지금 자신이 있는 곳의 주변 환경도 명상의 기회를 제공한다.

8. 사마디Samadhi

사마디에서는 마음이 요가 명상의 최고 단계인 우주적, 혹은 보편적 의식 kaivalya과 연결된다. 해탈moksha, 즉 절대 그 아래로 떨어질 수 없는 명상적 인식 수준에 오르는 것이다. 요가의 마지막 세 단계는 내면에서 우주로 떠나는 여행과 같다. 다라나는 명상의 항로에서 자아라는 우주선을 조종하는 데 유용한 기술과 자제력을 배우는 것이고, 디야나는 어떤 방해물이 가로막더라도 내면에서 우주를 향해 조종하는 것이었다. 사마디는 전반적으로 우주라는 새로운 세계, 즉 우주적 의식에 도착한 것이다. 그러면 자아라는 우주선은 사람이나 속세, 물질에 영향을 받지 않고, 우주의 힘과 자유로 움직인다. 자아는 우주의 팔에 안겨 우주와 결합한다. 이 마지막 여덟 번째 단계는 누구도 빼앗아갈 수 없는 지극히 개인적인 성취이며 진정 신비로운 경험이다.

사마디는 요가의 다른 단계들에서 언제라도 번쩍일 수 있다. 역설적이게도 우리는 사마디로 둘러싸여 있지만, 그것을 볼 수 있는 사람은 많지 않다. 우리는 목적을 이루는 데 필요한 모든 원료 속에 있지만, 사마디에 도달하는 건 우리 스스로 시작하고 계속해서 끝내야 하는 고독한 여행이다. 이 과정을 『문다카 우파니샤드Mundaka Upanishad』는 다음과 같이 묘사한다.

비밀스런 가르침을 활처럼 잡고

명상으로 날카로워진 화살을 활시위에 걸어라.

일체감으로 가득 찬 마음으로 활시위를 당겨라.

이렇게 활, 과녁, 마음이 영원해진다.

옴이 활, 자아가 화살,

일체감이 과녁이 되게 하라.

인식을 통해 과녁을 쏘아라.

그리하여 화살, 과녁, 마음이 하나가 된다.

사마디를 얻었다는 징조는 신비로운 화합인 "모든 것이 하나all is one"임을 깨닫는 것이다. 하나인 상태(사비타르카savitarka)는 사마디의 시작이다. 이름이 없거나 이름을 붙일 필요도 없는 무엇과 하나가 될 수 있다면 사마디 상태에 들어간 것이다. 그 상태에서는 아는 사람도 없고 알려진 사람도 없다. 나도, 그대도, 그것도 없다. 하나가 모든 것이고 모든 것이 하나다. 아무도 없고 모든 것이 모두이다.

사마디는 몸과 마음에 신선한 바람, 즐거움, 깊은 평화, 명확하고 순수한 생각과 추리를 불러온다. 전체적으로 궁극의 사실, 절대의 존재, 우주의 인식을 깨닫는 효과가 있다. 요가의 아버지 파탄잘리는 사마디가 일곱 단계로 나타난다고 설명했다.

1. 진리에 대한 깊고 진지한 열망 subhecha

2. 올바른 탐구 vicharana

3. 자아, 지성, 기존 지식과 훈련의 쇠퇴로 말미암은 직관력, 통찰력, 깨달음의 발달 tamanasa

4. 요가수행을 통한 몸의 정화와 명상을 통한 마음의 정화 satvapatti

5. 세상사와 세속의 문제를 초월한 고요하고 평온한 마음 상태 asamsakthi

6. 더 이상 외부세계의 지배력이 없는 비현실적이고 무상한 상태
   pararthabhavina

7. 만물에서 절대 존재, 영원의 존재, 보편적 의식을 볼 수 있는 능력 turya

수행법 고대에서 전해지는 다음 두 가지 메시지를 천천히 읽은 뒤 명상하라. 첫 번째는 『바가바드 기타』의 「스베타스바타라 Svetasvatara」의 내용이다.

한 명의 신에는 창조자와 창조된 것, 소비자와 소비된 것, 구축과 파괴를 넘어서는 구축자와 파괴자 등 많은 신비로운 측면이 있다. 신은 어둠 속에도, 빛 속에도 존재하며 반대되는 모든 것을 존재하게 한다. 창조에는 어둠과 빛 중 어느 하나가 있을 수도 있고 둘 다 있거나 둘 다 없을 수도 있다. 아이가 어머니를 벗어나지 못하는 것처럼 우주는 불멸의 창조자를 벗어날 수 없다. 하나의 씨앗에서 모든 꽃이 피어나는 것처럼 신이 숨어 있든 나타나든 신처럼 생각하고 신의 기분이 되어보지 않고서는 신을 이해할 수 없다.

두 번째는 『리그 베다』에 나오는 구절이다.

누가 확실히 알겠는가? 누가 그렇게 말할 수 있겠는가?
창조가 어떻게 이루어졌을까? 우주가 어떻게 탄생했을까?
신은 이 세계가 형성된 뒤에 나타났다.
그렇다면 누가 진짜 근원을 알 수 있겠는가?

160

아무도 모른다.

하늘에서 세계를 보는 사람은

분명히 안다. 혹은 모를 수도 있다.

일어날 수 있는 문제 사마디를 얻으려면 세 개의 구나guna('성향'을 뜻하는 산스크리트어)를 초월해야 한다.

- **사트바**Sattwa는 번역하기 어렵지만 (무엇을 생각하든) '그것'의 '무엇', 순수성을 의미한다. 서양은 세부사항, 과학의 목표, 연역절차에 초점을 맞춘다, 동양은 귀납적·직관적이며 엄격한 사실보다는 의미를 추구한다. 소크라테스는 지성을 자신의 무지를 아는 것, 어떤 대상에 대헤 그 한계를 알 만큼 잘 아는 것이라고 정의했다. 아인슈타인은 "확실한 것은 아무것도 없다"고 했다.
- **라자스**Rajas는 활동적인 법칙이다. 라자스는 강렬하고 열정적이며 공격적이고 자신의 중요성을 내세운다. 아주 재미있는 책을 읽을 때 혹은 보거나 들은 것에 깊이 감동을 받았을 때 라자스를 경험할 수 있다.
- **타마스**tamas는 요가 기술을 발전시키기 위해 극복해야 하는 무력감이다. 게으름, 무관심, 무감동에서, 그리고 '꼼짝 못하거나 막혀 있을' 때 타마스를 볼 수 있다. 타마스는 고정된 것, 움직이지 않거나 움직일 수 없는 것, 정적이거나 변하지 않는 무엇이다.

운전을 배우려면 계기판과 조작 원리에 대한 실질적인 지식이 필요한데 이것이 순수성인 사트바이다. 운전은 경험이 많을수록 기술이 발전된다. 이것이 활동적인 법칙인 라자스이다. 운전을 배우기 위해 스스로 독려하고 시간을 들여 계속해서 흥미와 동기를 유발해야 하는데 이것이 타마스다. 또 자신을 다스리며 필요한 에너지를 쏟아야 한다. 일출, 일몰, 구름, 꽃은 사트바이고 밝게 비추는 태양, 움직이는 구름, 활짝 핀 꽃은 라자스이다. 이런 것들을 알아차리지 못하면 타마스이다. 사마디에 도달하려면 세 개의 구나를 초월해 그 너머에 닿아야 한다. 구나를 경험한 뒤 이를 거쳐 계속 앞으로 나아갈지 선택하게 되며 이 때문에 구나는 명상의 초기 단계에서 유용하다.

요가수행을 방해하는 세 가지 마음 상태, 즉 아바스타avastha가 있다.

- 분산된 마음(크쉬프타kshipta)은 세 가지 구나에 의해 흩어지고 혼란스러우며 우유부단한 마음이다.
- 어리석은 마음(무드하mudha)은 사트바와 라자스가 약하고 타마스가 강한 때로 사람이 듣지만 귀 기울이지 않거나 귀 기울이지만 배우지 않을 때 생겨난다.
- 불안정한 마음(비크쉬프타vikshipta)은 사트바와 라자스는 있지만 타마스가 없어 불안정한 사람의 마음상태이다.

그 외 방해물로 '불쑥 떠오르는 마음vikshepa sakthi', '폐쇄적이고 편견을 갖거나 반항하는 마음avarana sakhti', '자기중심적이고 이기적이며 물질주의적인 마음mala'이 있다. 어떤 신체단련이나 인격수양 체계와 마찬가지로 요가도 충분히 수행하지 않거나 제대로 하지 않으면 실패할 수 있다. 한 번에 모든 것을 하려 들거나 너무 서두르는 벼락치기 요가는 얕은 지식이나 이따금 하는 수행만큼 비효과적일 수 있다.

요가를 반문화의 일환으로 이용하면 제 효과를 다 발휘할 수 없다. 요가의 목표는 극기이지 사회적 시위가 아니다. 요가는 개인의 책임을 회피하기 위한 탈출구나 집착의 대상이 되어서는 안 된다.

실지悉地(Siddhi)

실지는 대다수 사람들이 하는 평범한 요가기술을 넘어선 것으로 수백 년 동안 요가문학에서 보고되었다. 고전적인 실지로 여덟 가지가 있다.

1 만물을 창조하는 힘인 신력神力(ishitva)

2 무중력상태가 되어 엄청나게 빠른 속도로 이동하는 숭력극복 기술laghima

3 순간적으로 어디든 이동할 수 있는 유체이탈prapti

4 다른 사람에게 모습이 보이지 않게 하는 비가시화prakamya

5 생물과 무생물에 대한 제어vashitva

6 우주 만물을 직접 보는 초의식超意識(mahima)

7 스스로 원자처럼 작아지는 극소의식anima

8 사람의 몸무게를 늘린다든가 하는 식으로 중력을 크게 하여 움직일 수 없게 하는 힘인 거대화.

이 고전적인 실지 가운데 과학으로 증명된 건 없다. 어떤 사람들은 명상에 집중하거나 존경받는 구루의 유도로 깊은 가수假睡상태에서 최면을 경험할 수 있다. 요가수행으로 얻은 뛰어난 육체적·정신적 성과들도 증명되어 왔다. 평균수명이 짧은 문화권에서도 요기와 요기니는 종종 고령까지 산다. 이들은 또한 분쟁과 스트레스에 한결 차분하고 평온하게 적응하며 더 큰 통찰력, 직관력을 발휘하여 감각을 지배한다. 자신의 죽음을 미리 예견하고 평온하게 받아들이는 사람들도 있다. 텔레파시, 천리안처럼 과학으로 설명할 수 없는 초감각적인 인식도 보고되었다. 이러한 능력은 여덟 가지 고전적 실지만큼 극적이지는 않지만 요가수행을 하지 않은 대다수 사람들은 가질 수 없다.

요가 명상

요가 명상을 효과적으로 할 수 있는 몇 가지를 제안한다.

시간

효과적인 명상을 위해서는 최소한 일주일에 두 번, 혹은 이틀에 한 번 20분 이상 하는 것이 좋다. 초보자들은 매일 명상해 괜찮은 수준에 이르기까지 보통 한 달이 걸린다. 많은 수행자들은 식사 전에 명상하라고 권한다. 명상이 소화를 늦추기 때문이다. 명상이 긴장을 풀어주기는 하지만, 잠드는 데는 도움이 되지 않기 때문에 밤보다는 아침이나 늦은 오후가 낫다.

장소

명상을 하는 특별한 장소를 정해 두는 것이 이상적이다. 편안한 의자(안락의자나 푹신한 의자가 좋다), 소파, 침대 혹은 카펫 위의 방석 등이 명상하는 장소가 될 수 있다. 많은 사람들이 침대에 누워서 명상한다. 불편한 장소와 자세는 피해야 한다. 방 한구석에 촛불, 작은 꽃병, 그림(정물화, 풍경화 또는 바다를 그린 풍경화 등), 혹은 붓다나 예수, 또는 아스클레피오스Asklepios, 아테나 Athena, 이시스Isis, 오시리스Osiris[*] 등 신의 조각상을 갖추어 자신만의 작은 사 원이나 아시람ashram[**]을 만들 수 있다. 재떨이나 향로는 선택 사항이다. 알 레르기가 있거나 향이 거슬리는 사람들도 있기 때문이다. 남성용 손수건은 훌륭한 '제단 덮개'가 된다. 이러한 풍경 자체를 명상에 이용할 수 있고 다 른 곳에 있을 때도 명상을 하며 마음속에 그려볼 수 있다. 불을 *끄*거나 불빛 을 어둡게 하는 것이 좋다. 많은 사람들이 촛불을 사용한다. 방해물이 없어야 한다!

체위와 자세

앉은 자세(혹은 누운 자세)가 명상에 좋다. 침대 위에 앉아 등을 벽이나 침대 등받이에 대고 다리를 똑바로 뻗는다. 혹은 소파, 편안한 의자, 안락의자 아니 면 바닥 위에 방석을 깔고 똑바로 앉는다. 책상다리를 하고 손은 손바닥을 위 로 하여 허벅지 위에 올리는데 손이 무릎관절에 닿게 하거나 한 손을 다른 손 위에 올린다. 손가락으로 깍지를 끼지는 않는다. 신체 부분들 간의 접촉을 최 소화할 필요가 있는데 손가락으로 깍지를 끼면 불필요한 감정을 느낄 수도 있다.

가부좌를 틀 필요는 없다. 방이나 몸에서 집중을 방해하는 요소를 최소화 하는 것이 목표다. 신발을 벗고 몸에 꽉 끼는 옷을 입었다면 지퍼를 풀어 느 슨하게 하는 것이 좋다. 침대에 누워서 명상할 수도 있다. 하지만 다른 장소

---

[*] 아스클레피오스와 아테나는 각각 고대 그리스의 의술의 신, 전쟁과 지성의 여신이고 이시스와 오시리스는 각각 고대 이집트의 풍요의 여신, 죽은 자의 신이다.
[**] 힌두교 수행자들의 거주지.

를 이용할 수 있다면 더 좋다. 요가의 '송장자세'를 취해보자. 카펫이 깔린 바닥에 베개를 베고 누워 발을 30센티미터 정도 벌리고 팔은 옆으로 쭉 뻗는다. 손은 몸에서 20센티미터 정도 떨어진 곳에 놓는다. 손바닥을 위로 하고 손가락의 힘을 뺀다. 송장자세는 간단하고 쉽게 할 수 있으며 몸이 외부 물체에서 대체로 자유로우며 팔다리가 닿지 않는다. 이 자세는 자유롭게 흘러가는 감정을 경험할 기회를 제공하여 한층 높은 명상적 인식에 도움이 된다.

초

초는 오랫동안 명상에 사용되어 온 고전적 도구다. 촛대나 작은 접시에 초를 세운 뒤 불을 붙이고 다차원적인 불꽃에 정신을 집중한다. 불꽃은 흰색과 노란색으로 된 바깥쪽이 가장 밝고 안쪽에는 푸른색 타원 모양과 불꽃이 없는 작은 빈 공간이 있다. 심지의 맨 끝은 주황색 비슷한 붉은색을 띠고 그 아래는 검은색이며 초에 심긴 지점은 흰색이다. 초 자체는 단단한 밀랍으로 되어 있지만 만지면 부드럽다. 초가 타는 곳에서는 밀랍이 녹아 물처럼 투명해지고 반고체 상태가 되어 초의 옆면을 따라 천천히 흘러내린다. 초와 초의 각 부분이 전하는 메시지는 무엇일까? 초에서 무슨 교훈을 얻을 수 있을까? 그대가 초인가? 초가 되는 것이 가르치는 바는 무엇일까?

만트라 Mantra

만트라는 특별히 선택된 말이나 음절, 글자나 약어이다. 그림이나 서예로 시각화하거나 하나 혹은 그 이상의 목소리가 다양한 음조와 운율로 외는 것을 듣는 등 여러가지 형태로 나타난다. 고대에는 산스크리트어에서 만트라를 차용했다. 가장 오래되고 흔히 사용되는 만트라 중 하나가 옴이다. 옴은 '신성한 음절', '말씀', '태고의 소리', 혹은 '자연이나 신의 목소리'로 불린다. 옴은 기도문이자 노래이다. 다음 실험을 해보아라. 편안하게 앉아서 입과 턱을 1센티미터 정도만 벌린다. 그리고 숨을 내쉬면서 아—우—음 소리를 낸다. 신음소리처럼 낮은 음이 나올 것이다. 계속 소리를 내면서 천천히 입을 다문다.

그대는 신성한 음절을 반복한 것이다! '아'는 시작, 창조, 태고의 침묵을 깨는 행위, 생명에 대한 부름 혹은 명령을 상징한다. '우'는 생명력을 상징한다. 입술로는 '우' 소리를 낼 수 없으므로 입을 약간 벌려 소리를 내고 울림을 느껴야 발음할 수 있다. '우' 소리가 자신에게서 어떻게 나오는지 주목하라. '우' 소리는 '아'처럼 몸속 깊은 곳에서 만들어지지 않는다. '음'은 우주적 의식 혹은 신비로운 화합의 소리이다. 이 소리는 계界를 완전하게 채워 마무리하며[*] 만트라를 완성하고 창조를 완료한다. 명상에서 '옴'을 사용할 때 소리내어 읊을 필요는 없다. 다양한 서체와 다양한 형태(기호, 깃발, 바위, 책, 종이)로 '옴'을 시각화거나 다양한 목소리(남성, 여성, 아이, 합창, 혹은 자신의 목소리)로 읊는 것을 상상해도 된다. '옴'을 반복하되 항상 천천히 해야 한다. 어떤 사람들은 숨을 들이마시거나 내쉴 때마다 한 번씩, 혹은 들이마실 때와 내쉴 때마다 각각 한 번씩 만트라를 듣는다.

긍정적 징후

명상이 어떤 느낌인지는 사람마다 다르다. 하지만 명상 상태를 알려주는 전형적인 징후들이 있다. 가장 흔한 상태는 휴식으로 '내면의 평화', '자유롭게 흐르는 고요함', '완전한 휴식', '모든 것에서 벗어나는 느낌', '육체를 떠나

---

[*] '옴'이라는 음절은 하늘, 땅, 대기의 삼계三界를 의미한다.

는 느낌' 등 다양한 말로 표현된다. 깊은 휴식을 취하는 상태가 되면 호흡이 느려지고 얕아지며 몸이 약간 늘어진다. 눈꺼풀이 떨리거나 근육이 씰룩거릴 수도 있는데 이는 근육이 풀리고 이완되어 무작위로 신경에 자극이 일어나는 현상이다. 요가수행자의 얼굴에 종종 모나리자의 미소가 떠오르는 건 매우 좋은 징조로 불쑥 떠오르는 생각이 아무런 방해도 하지 않고 지나감을 뜻한다.

요가는 21세기에도 건재하다. 요가는 수천 년 동안 이어져 왔으며 많은 사람들로 하여금 자신들의 몸과 마음을 더 잘 이해하고 지배하도록 도왔다. 그대도 요가를 통해서 같은 경험을 할 수 있다. 요가에 마음을 열면 자아인식을 높일 수 있고 자아실현도 이룰 수 있다. 이는 요가가 우주적 의식 속에서 그대와 우주를 결합시키는 것이다. 내면을 탐구하면 의식이 높아져 생명의 본질을 깨닫게 된다. 그대도 이것을 경험하기를!

7장

동방의 그 밖의 빛

어느 곳에서도 진리인 것은

모든 곳에서 진리이다.

—랠프 월도 에머슨Ralph Waldo Emerson*,
　『처세론The Conduct of Life』(1860)

* 미국의 시인, 1803~1882.

중국의 빛

공자孔子

공자는 기원전 551년 중국 노魯나라의 취푸曲阜(지금의 산둥성)에서 태어나 기원전 479년에 세상을 떠났다. 그는 열렬한 독서가였으며 역사학자이자 고문서 학자였다. 여러 곳을 다니면서 도덕적이고 고결한 삶을 영위하는 데 기본이 되는 덕목을 가르쳤다. 그는 자신을 가리켜서 '창작자가 아니라 전달자'라고 말했지만 제자들이 그의 가르침을 모아 중국 문학의 고전 중 하나인 『논어論語』를 편찬했다. 그는 중국의 '무관無冠의 제왕'으로 불렸고 붓다, 노자와 더불어 아시아의 3대 성현 중 하나로 꼽힌다.

공자는 도덕적 진실성, 충성, 동정심을 강조했다. 노자와 마찬가지로 윤리가 인간의 본성에서 나온다고 보았으며, 덕이 있는 사람은 각자의 본성뿐 아니라 자연의 모든 본성과도 조화를 이루어야 한다고 가르쳤다. 하지만 그의 가르침은 도교보다 훨씬 더 체계적이다. 공자의 목표는 도덕적 사회질서였던 반면 노자는 신비로운 화합을 추구했다. 공자와 노자는 동시대를 살았지만 다른 지역에 거주했고 두 사람이 만났다는 증거는 없다. 하지만 공자가 노자에 관해 듣고 그를 만나고 싶어했다는 이야기가 전해진다. 공자가 노자를 초대하려고 사람을 보냈는데 심부름꾼이 공자의 시야에서 사라지자마자 한 노인이 나귀를 타고 그에게 왔다고 한다. 그 노인이 바로 노자였다. 노자는 전갈을 받기도 전에 공자가 자신을 초대했다는 사실을 알았던 것이다.

전설에 따르면 공자는 노자에게 자신이 가진 많은 책을 자랑스럽게 보여주었다고 한다. 늙은 노자는 미소를 짓더니 "추운 겨울밤에 아주 좋겠소" 하고 말했고, 그 말에 기분이 좋아진 공자는 "네, 그렇습니다. 겨울밤에 독서하며 시간을 보냅니다"라고 말했다. 그러자 노자는 "책을 태워 따뜻하게 지내는 게 훨씬 좋지"라고 대꾸했다. 이 일화는 위대한 두 사상가의 차이를 잘 보여준다. 공자는 사실에 바탕을 둔 지식을 추구한 학자였던 반면, 노자는 그보다는 영적인 빛을 좇는 신비주의자였다. 공자는 사회적 활동에, 노자는 개인적 성찰에 초점을 맞추었다.

『논어論語』

『논어』는 다양한 주제에 관한 공자의 가르침을 모은 경서經書다. 그중 일부를 발췌했다.

1편 의식儀式(rituals)의 큰 장점은 조화에 있다. 옛 지도자들은 이것을 알았다. 의식은 크고 작은 일들을 돕는다. 일이 잘못되었을 때 의식을 이용해 조화를 이룰 수 있는 사람은 일을 바로잡을 수 있다. 조화를 이루는 의식이 없다면 일이 잘못될 것이다.

2편 나는 열다섯 살에 학문에 전념했고 서른 살에 확고한 뜻을 세우고 자립했다. 마흔 살에는 자신감에 차서 만족했다. 쉰 살에는 하늘의 뜻을 알았고 예순 살에는 통찰력이 더욱더 높아졌다. 일흔 살에는 마음 내키는 대로 행동을 해도 도리에 어긋나지 않았다. 남을 가르치려고 한다면 자신이 그 가르침대로 먼저 행동해야 한다. 배우되 생각하지 아니하면 알지 못할 것이고 생각하되 배우지 않는다면 더욱더 큰 문제에 빠져 있는 것이다. 아는 것과 모르는 것이 무엇인지 아는 것이야말로 진정으로 아는 것이다.

7편 나는 배운 것에 내 생각을 보태지 않고 전했다. 태어날 때부터 내게 지식이 있었던 건 아니다. 옛것을 좋아하여 부지런히 이를 탐구했을 뿐이다.

12편 문밖을 나갈 때는 중요한 사람이 앞에 있는 것처럼 행동하라. 사람을 대할 때는 중요한 의식을 치르는 것처럼 하라. 내가 당하고 싶지 않은 일을 다른 사람에게 하지 마라. 이렇게 하면 공적인 관계에서나 가족 내의 사적인 관계에서나 원망이 없을 것이다.

15편 나를 배움을 추구하고 많은 것을 기억하는 사람으로 본다면 틀린 생각이다. 하지만 내게는 생각하는 방법이 하나 있으며 만사가 이 방법을 따른다. 매일 그대가 따라야 할 한 가지가 있다면 바로 이것이다. 내가 당하고 싶지 않은 일을 다른 사람에게 하지 마라.

16편 아홉 가지 주의사항이 있다. 분명히 보고, 잘 듣고, 친절하며, 공손하고, 진실을 말하며, 선행을 베풀고, 의심스러울 때는 질문하며, 화가 날 때는 그 결과를 생각하고, 기회를 만나면 무엇이 의로운 것인가 생각해야 한다.

풍수風水

풍수는 최대한의 정기正氣를 받을 수 있도록 인간의 생활과 환경을 계획하는 고대 중국인의 체계다. 풍수는 생명을 유지하게 하는 보편적인 힘인 기氣의 흐름을 이용해 흙, 물, 불, 나무, 쇠라는 다섯 가지 기본 원소(오행五行)가 음양의 조화를 이루도록 한다. 풍風은 바람을, 수水는 물을 뜻한다. 이 체계는 신비한 요소(보이지 않지만 움직이는 공기)를 이보다 현실적이고 물질적인 요소인 물과 결합한다. 기는 자연계에 동등하게 존재하는 힘인 음陰과 양陽의 활발한 상호작용을 통해 퍼져나간다.

도교에서 음은 달, 흙, 그림자, 휴식으로 상징되며 두 개의 짧은 막대(음효)로 표시된다. 양은 태양, 불, 빛, 열, 활동, 행동으로 상징되며 하나의 긴 막대(양효)로 표시된다. 양효와 음효 세 개로 이루어진 괘trigrams(삼선형三線形)는 양효와 음효의 배열에 따라 각기 다른 디자인이 나온다. 한국의 태극기에는 음양을 상징하는 적색과 청색의 태극 주위에 네 개의 괘가 배치되어 있다. 여섯 개의 양효와 음효를 배열하면 『주역』의 기본인 64괘가 나온다.

오행은 우주 전체에 존재하며 일상에서도 볼 수 있다. 둥글거나 흐르는 물체, 흐르는 환경은 물을 상징한다. 뾰족하거나 똑바로 선 물체, 뜨거운 환경은 불을 상징한다. 좁거나 단단한 물체와 환경은 나무를, 반구형의 빛나거나 차가운 물체와 환경은 쇠를 상징한다. 강과 시내를 오행으로 풀이하면 급격하게 굽이치는 강은 불, 좁거나 곧게 흐르는 강은 나무, 잔잔하고 완만하게 굽이진 강은 쇠를 상징한다. 또한 구불구불한 강은 물을, 구불구불한 강에서 물의 흐름이 멈춰 생긴 우각호는 흙을 상징한다.

다섯 가지 기본 원소는 신비로운 화합을 이루며 서로 작용한다. 고대인의 표현에 따르면, 비(물)는 숲(나무)을 기르고 숲은 요리와 안락함(불)을 얻는 데 사용된다. 불은 광석(흙)을 쇠로 제련한다. 그리고 쇠를 녹이면 물처럼 흘러 신비로운 상호작용이 완성된다.

풍수에서 다섯 쌍의 천간天干*이 오행을 나타낸다. 단단함과 부드러움을 뜻하는 갑甲과 을乙은 나무로 상징된다. 병丙과 정丁은 각각 번쩍이는 번갯불과 향이나 숯에서 천천히 타는 불을 나타낸다. 무戊와 기己는 산의 바위건 해변의 모래건 흙을 나타낸다. 경庚과 신辛은 연마되거나 세공된 쇠 혹은 광석 상태의 쇠를 나타낸다. 임壬과 계癸는 강, 호수, 바다, 빗방울, 눈송이에서 볼 수 있는 물을 뜻한다. 이 열 개의 천간은 윤도輪圖**에 표기되었고 출생년도에 따른 상징인 십이지十二支(zodiac birth symbols)에도 적용된다.

마방진魔方陣

하도河圖라고도 불리는 이 흥미로운 숫자판 마방진the magic square의 기원

에 대해서는 다양한 전설이 있다. 그중 가장 널리 알려진 것은 기원전 2000년 경 낙수洛水*에서 등껍질에 마방진이 새겨진 커다란 거북이가 떠올랐다는 전설이다. 압록강에서 반은 용, 반은 말인 동물이 나타나 전해주었다는 전설도 있다. 방향과 숫자에 주의를 기울인 것에서 마방진과 전통 풍수와의 연관성을 알 수 있다. 다음을 보자.

북(N)

8 1 6

서(W) 3 5 7 동(E)

4 9 2

남(S)

가로, 세로, 대각선 어떤 줄의 세 숫자를 더해도 15가 나온다. 마방진이 특별하고 영향력이 큰 것은 이러한 특징 때문이다. 5를 중앙에 두어 이 숫자에 특별한 중요성을 부여했다. 고대인은 마방진을 "9 위에 서 있고 왼쪽에 3, 오른쪽에 7이 있으며, 머리에 1이 있다"고 가르쳤다. 숫자 2, 4, 6, 8은 모서리를 채운다. 이 숫자들은 궁전과 사원, 방의 개수나 건물의 층수를 결정하는 데 자주 사용되었다. 또 나침반의 방향에도 응용되었다. 사람들이 가장 선호하는 방향인 남쪽은 9(가장 큰 수), 가장 인기가 없는 북쪽은 1로 보았다. 서쪽은 3, 동쪽은 7이다. 동서남북 간의 중간 방향과 관련된 숫자는 북동쪽 6, 북서쪽 8, 남동쪽 2, 남서쪽 4이다.

---

* 황허강 상류.

형세파形勢派(Shapes and Forms School)

가장 오래된 풍수풀이 책『감룡경撼龙经, *The Water Dragon*』은 서기 600년경 당나라의 풍수가 양균송楊筠松이 쓴 것으로 여겨진다. 형세파 역시 이 시기에 등장했다. 이 학파는 기, 음양, 사신四神, 오행에 바탕을 두었다. 기는 '용의 입김 dragon's breath', 또는 에너지의 움직임이다. 좋은 풍수란 모든 방에 기가 흘러 들어가고 통하는 것이다. 문과 창에 공기가 직접 드나들도록 해서는 안 된다. 간접 통풍을 해야 기가 집안을 자유롭게 드나들고 모든 방에 항상 머물 수 있다. 사신은 청룡, 백호, 거북, 봉황이다. 이 동물들은 건물과 방의 이상적인 배치를 상징한다.

집과 대문은 남쪽을 향해야 하고(봉황) 집 뒤쪽은 관목, 나무, 언덕이나 산을 배경으로 하여 북쪽을 향해야 한다(거북). 동쪽은 음陰이며 더 높은 건물이나 벽 위로 떠오르는 청룡으로 상징되고 서쪽은 완만하게 경사진 지형으로 양陽, 백호로 상징된다. 번잡한 거리나 고속도로, 입구, 진입로, 장식적인 벽, 홀수로 된 계단이나 건물의 층수는 용을 상징한다. 침대는 벽에 붙여야 하고(거북) 창 가까이에 두어서는 안 된다(호랑이나 용).

방위파方位派(Compass School)

송나라의 왕급王伋이 1000년경에 세운 것으로 알려졌다. 방위파는 십이지, 28수宿,『주역』64괘, 풍수의 음양오행, 기에 바탕을 둔 팔택八宅[*] 이론이나 현공玄空[**] 이론으로 풍수에 점성술과 시간적인 측면을 더했다.

---

[*] 생기生氣, 오귀伍鬼, 연년延年, 육살六煞, 화해禍害, 천을天乙 혹은 천의天醫, 절명絶命, 복위伏位 혹은 복음伏吟.

[**] 중심에 여덟 방위를 더한 낙서구궁洛書九宮의 시간적 인소因素인 삼원구운법三元九運法의 이론적 토대.

이기파理氣派(Principles School)

11세기 무렵에 주희朱熹가 만물의 근원이 되는 실체인 태극을 뜻하는 이理와 물질인 기氣를 바탕으로 하는 이기파 체계를 발달시켰다. 이 체계는 깨달음을 얻으려면 이가 증가하고 기가 줄어야 한다고 믿었다. 이러한 과정을 계속하면 깨달음이 높아져 만사를 이해할 수 있게 된다.

태극권太極拳

태극권은 중국 무술인 쿵푸나 우슈의 한 형태로 정精, 기氣, 신神의 내면 수련을 중시하는 내가권법內家拳法이다. 이것은 의식과 동작의 협조를 추구하고 노자의 기에 전념해 부드러움에 이르는 전기치유專氣致柔, 부드러움으로 굳센 것을 이기게 하는 이유극강以柔克剛, 그리고 고요함으로 움직임을 제압하는 이론을 바탕으로 한다. 싸울 때만 태극권을 활용하는 것이 아니라 명상수행이나 느린 춤 형태로도 활용한다.

태극권이 언제 생겼는지 정확히 밝혀지지 않았지만, 기원전 1000년에서 250년경 사이로 추정된다. 철학에서 태극은 음양 그리고 물, 나무, 불, 흙, 쇠라는 오행의 신비로운 화합을 추구한다. 음양 기호도 태극을 상징하지만, 음양을 나타내는 기본적인 원 주위에 기본적인 『주역』8괘를 더하기도 한다.

태극권의 의식은 원래 대결에 사용되는 신체동작을 이용하며 체계적이고 일정한 양식의 운동 형태를 띠고 느린 동작으로 행해진다. 이가 창조 과정을 시작하여 그 결과로 물질[氣]이 나온다고 믿었다. 태극권의 의식에서는 이 과정을 반복하여 개인적으로 음양과 오행의 신비로운 화합을 이룬다. 태극권은 지금도 중국 전역에서 널리 수행되고 있다.

파룬다파wheel of law, 파룬궁

파룬다파(법륜공法輪功), 파룬궁(몸, 마음, 기氣의 길the way of body, mind, and spirit energy)은 다섯 동작을 바탕으로 한 고대 중국인의 수행법으로 보통 음악에 맞춰 손동작과 함께 특별한 자세를 취하는 것이다. 수련동작 중 세 가지는 주로 신체와 관련이 있고 나머지 두 가지는 명상과 관련 있다.

최근에 사범 리라고 불리는 이홍지李洪志가 불교와 도교 원리에 기공氣功[*]을 결합시켜 창시한 수련법인 법륜공의 지도자로 등장했지만, 많은 관련자들은 지도자가 불필요하다고 생각한다. 법륜공은 불가의 상승수련대법인 법륜대법法輪大法을 최고 수련방법으로 삼는다. 즉 진 · 선 · 인眞善忍을 근본 원리로 하는 법륜대법을 통해 몸과 마음을 함께 수련하되, 물질적 이익에 얽매이지 않고 끊임없이 집착을 제거함으로써 자신이 지은 세세생생世世生生[**]의 업을 닦는 데 목적이 있다. 법륜공이 1992년 5월에 보급되기 시작한 이후 총본산인 법륜대법연구회를 정점으로 39개의 수련총부, 1,900개의 지부, 2만 8천 개의 수련장이 세워지고 1억 명이 넘는 수련자들이 생긴 것으로 추정된다. 이 수치가 정확하다면 중국 공산당원의 수를 넘어서는 것이다. 법륜공 수련자가 폭발적으로 늘자 중국 당국은 1999년 7월, 법륜대법연구회와 산하 조직을 불법

---

[*] 기해단전氣海丹田의 공력이라는 뜻으로 단전호흡을 달리 이르는 말.

[**] 몇 번이든 다시 환생하는 일.

178

화하고, 활동을 전면 금지하는 조치를 취하는 한편, 단순한 사교집단으로 몰아 압박을 가하기 시작했다. 법륜공 지지자들은 이 운동이 사교나 종교가 아닌 삶의 한 방식이라고 주장한다.

법륜공은 풍수, 불교, 도교의 요소들을 포함하는데 거기에 기공의 중요성을 더한 것이다. 기란 우리가 살펴본 것처럼 보편적 생명력이며 공은 이를 높이는 방법이다. 붓다가 요구했듯이 법륜공은 수행자들이 자유롭게 들어왔다 나가고 되돌아올 수 있는 자발적 활동이다. 급여를 받는 직원, 회비, 수수료가 없을 뿐 아니라 입문자격도 없다. 법륜공의 상징은 만卍*이지만, 히틀러의 나치즘과는 상관이 없다. 만 자는 인도, 중국, 중동, 게르만 유럽, 콜럼버스가 미대륙을 발견하기 전 북미에서 사용되던 고대 기호이다. 이 기호는 시계 방향으로 회전하면 에너지를 흡수하고 시계 반대 방향으로 회전하면 에너지를 발산한다고 여겨진다.

곽암廓庵의 십우도十牛圖

곽암은 12세기 중국의 선사였다. 곽암 선사는 영적 깨달음을 소를 찾아 길들이는 것에 비유했다. 십우도(혹은 심우도尋牛圖)는 연속되는 열 단계로 구성되어 있으며 각 단계는 깨달음을 구하는 사람의 말로 시작해 곽암 선사의 충고와 가르침으로 이어진다. 각 단계를 완전히 익히면 깨달음에 이른다.

---

* 붓다의 가슴에 있는 길상吉祥의 표시.

1. **소를 잃어버리다** The Bull Is Missing

삶은 높이 자란 수풀을 헤치고 소를 찾는 것과 비슷하구나.

미지의 강과 네거리, 먼 산들까지 뒤졌지만, 지쳐서 소를 찾을 수 없다.

곽암의 충고 소를 잃어버린 것이 아니다! 그대의 진정한 자아와 초월적인 본성에서 분리되어 그대 자신을 잃어버린 것이다. 소를 찾지 못한 것은 그대가 이 사실을 모르기 때문이다. 그대의 평범한 감각과 기술은 도움이 되지 않을 것이다. 오히려 힘을 빠지게 하고 당혹감과 외로움을 느껴 소를 잃어버렸다고 믿게 된다. 깨달음이 없다면 상황은 더욱 나빠질 것이다.

2. **자취를 발견하라** Here, Tracks

여기 강둑에 발자국이 있구나!

여기 풀숲에는 더 많은 발자국이 있구나!

발자국이 내 얼굴의 코만큼이나 또렷하구나.

곽암의 충고 그대는 소를 본 것이 아니라 무언가 거기에 있었다는, 겉으로 드러난 흔적만을 본 것이다. 삶에는 그대가 아는 것보다 더 많은 것이 있다. 더 많은 것을 인식하면 소가 떠나고 남은 흔적뿐 아니라 소도 볼 수 있을 것이다. 선택해야 한다. 그곳에 있는 것을 볼 것인가? 스스로 보기 원하는 것을 볼 것인가? 그대는 이렇게 곤경에 빠지게 된다.

3. **멈추고 경계하라** Stop, Be Alert

소를 찾다 잠시 쉬니 새 지저귀는 소리 들리는구나.

햇볕은 따스하고 바람은 부드러우며 나무가 푸르다.

아직도 소를 볼 수 없다. 소가 여기에 없다.

 노력이 지나치지 않을 때, 더 많은 것을 보고 들을 것이다. 푸른 나무는 구하지 않아도 낮에 평온을 가져온다. 새 지저귀는 소리와 부드러운 산들바람은 밤을 더욱 고요하게 해준다. 이것들은 스스로 나타나서 말하며, 둘에 둘을 더하여 다섯이 되는 것처럼 각자 있는 것보다 함께 있을 때 더욱 강해진다. 그대의 생각과 감각을 이런 식으로 사용하라. 그러면 인식이 발달해 소에게 가는 길이 열릴 것이다.

4. 싸워서 소를 잡아라 Fight It, Catch It

문이 열리자 소를 잡고 뒹군다.

힘세고 고집 센 소가 달아나는구나.

나는 깎아지른 낭떠러지 위의 구름보다 높이 있구나.

 그대는 소를 만났지만, 아주 잠깐이었다. 소는 본성에 따라 가고 싶은 곳으로 간다. 소는 그 지역을 그대보다 잘 알고 있다. 그대는 그대 본성에 따라 돌아다닌다. 그대가 소를 만났다는 사실은 전보다 인식이 높아졌음을 보여주지만, 소가 달아난 것은 인식을 더욱 발달시켜야 한다는 뜻이다.

5. 소를 길들여라 Tame It

소를 찾아 길들였지만 여전히 소가 달아나는구나.

소의 본성을 이해할 수 있다면 좀 더 길들일 수 있을 것이다.

그러면 소는 나와 함께 머물고 달아나려 하지 않을 것이다.

 좋다. 존재하는 것과 존재하지 않는 것에 마음을 열어라. 존재를 있는 그대로 놔두어라. 단순하게 살아라. 마음이 바쁘면 시간과 에너지를 많이 사용하게 된다. 지나치면 너무 가득 차서 중요한 것을 얻을 수 없다. 항상 모든 것을 있는 그대로, 그 본성대로 놔두는 데서 시작하라. 무엇이든 억지로 본성을 거스르면 악과 망상에 이르게 된다. 자신에게 솔직하고 자신의 진정한 길을 찾아라.

6. 소에 올라타라 Ride It

소 등에 올라타고 피리를 분다.

우리는 조화롭게 박자를 맞춘다.

들리는가? 와서 함께하자.

곽암의 충고 그대 자신, 소, 그리고 다른 누군가가 각자의 진정한 마음을 연다면 조화를 이룰 수 있다. 그러면 더는 실패감이나 상실감을 느끼지 않아 힘들지 않을 것이다. 이 사실을 깨닫고 실천하는 것은 어디에서든 새, 동물, 물고기, 아이들의 노래를 부르는 것이다. 그 노랫소리를 들을 수 있는 사람은 드물다.

7. 소를 초월하라 Transcend It

소와 내가 집에 도착했다.

우리는 함께 조용히 쉰다.

아무 일도 할 필요가 없다.

 모든 생물에게 공통된 하나의 본성이 있다는 사실을 알면 마음 깊은 곳에 평화가 찾아든다. 그러면 방해물과 싸울 필요가 없다. 만물이 자기 본성대로 흘러가고 만사형통한다.

8. 자신을 바꾸어라 Transform Yourself

마음을 열고 정직하게 나누면 차이가 서서히 사라진다.

우주는 광대하고 놀라우며 자유롭다.

이러한 길을 따르는 것이 깨달음이다.

 자이를 사소하고 중요하시 않은 것으로 본다면 길등도 없어진다. 차이는 저절로, 그리고 스스로 나타난다. 차이에 대해 찬성하거나 반대할 필요도, 차이를 만들거나 고칠 필요도 없다. 차이를 중요하게 여기면 누구와도 친해지기가 어렵다. 칭찬도, 경멸도 진정한 의미가 없기 때문이다. 누구도 무언가 혹은 누군가를 소유하지 못한다는 사실을 알면 조화로운 관계를 맺을 수 있다. 통찰은 명확하고 무한하며 앞과 위로 나가는 길을 밝혀준다.

9. 근원을 알라 Realize the Source

깨달음을 얻는 데 오랜 시간이 걸렸다.

눈과 귀가 머는 편이 쉬울 것이다.

자연스럽게 사는 것은 꽃이 활짝 피는 것과도 같다.

 진리와 지혜는 처음부터 끝까지 절대 변치 않는다. 이것을 깨닫는 데 시간이 걸린다. 깨달음은 조용하다. 깨달음을 좇지 않는다면 깨달음을 얻게 될 것이다. 신경 쓰지 않아도 깨달음은 여전히 그 자리에 있을 것이다.
산, 계곡, 바다, 강은 자체적인 본성에 따라 자연스럽게 만들어지고 파괴된다.

10. **초월하라!** Transcend!

나는 모든 사람과 만물 앞에서 벌거벗은 것처럼 소통한다.

가난하지만 부유하고 행복하다. 더 오래 혹은 더 잘살기 위한

비법이란 필요 없다. 내게는 죽음조차도 사는 것이다.

 이 단계에 이르렀다면 이제 그대는 이렇게 말할 수 있다. "나는
알려지지 않은 사람이다. 비록 나에게만 아름답다 할지라도 내 정원은 아름
답다. 다른 곳에서 깨달음을 찾을 필요가 없다. 나는 일하고 거리를 걸어서
귀가한다. 이러한 깨달음을 누구와도 한껏 나눌 수 있다."

184

일본의 빛

신도神道

신도는 '신神'과 '길道'을 뜻하는 글자로 이루어지며 주로 '신들의 길'로 번역된다. 동물, 새, 사람, 혹은 바위, 꽃, 물 등 만물에 거하는 영적인 힘 혹은 성스러운 존재(가미kami, 신神)를 뜻한다. 신도는 세계에서 가장 오래된 종교 중 하나이며 자연에 바탕을 둔 일본 고유의 종교이다. 신도 신자들은 중국의 도교 신자와 마찬가지로 자연에 대한 깊은 경외심을 지니고 있다.

신도의 유래는 아주 오래되어 알기 어렵지만, 기원전 천 년경으로 거슬러 올라간다. 신도는 서기 6세기에 등장했지만 한국, 만주, 시베리아의 토속신앙에 깊게 뿌리내리고 있다. 신도에 따르면 기원전 660년에 신무천황神武天皇(진무덴노, 기원전 711~585)이 일본을 세웠다. 신무천황은 태양신 천조대신天照大神의 5대손으로 어머니는 어버지의 이모이기도 한 천조대어신天照大御神이라고 한다. 시간이 지나면서 신도와 불교 사이에 공통되는 영역이 늘어나 지금은 신사와 불교 사원이 때때로 연계되고 일본인 대부분은 신도 의식이나 불교 의식 둘 중 하나에 관습적으로 참여한다. 신도는 경사慶事, 불교는 사후세계와 관련되어 있다. 따라서 일본인은 보통 전통혼례는 신도에 따라 치르고, 전통 장례는 불교에 따라 거행한다.

8세기 말에 등장한 양부신도兩部神道(Ryobu Shinto, '두 가지'라는 뜻)는 신도에 불교와 유교의 윤리가 혼합된 것이다. 일본만의 특징 있는 종교에 대한 갈망에 힘입어 신도는 1868년 메이지유신 이후 국교가 되었고 학교에서도 가르치게 되었다. 하지만 신성함이 승계된다는 믿음과 학교의 신도 교육은 1945년 일본이 2차 세계대전에서 패하면서 막을 내렸다.

오늘날의 신도

일본인은 일반인에게 열린 큰 신사뿐만 아니라 집, 길가, 정원, 공원, 해변에 있는 신사에서부터 축제 기간에 설치되는 신사에 이르기까지 일본 전역의 신사에서 참배하며 신도의 명맥을 이어가고 있다. 신자들은 신사에서 해당 신사의 신kami spirit께 기도를 올리고 공물을 바친다. 일본에는 3백만 명이 넘는 신도 신자와 10만 명의 승려, 8만 개의 신사가 있다. 인생의 중요한 단계들과 자연적 사건을 기념하는 특별한 의식과 축제가 벌어지며 남자아이는 세 살과 다섯 살, 여자 아이는 세 살과 일곱 살이 되었을 때 신사로 데려가 건강을 기원한다.* 모든 신사는 매년 자체 축제를 연다.

천만 명이 넘는 일본인이 신도 의식에 참여하지만, 그중 자신을 신도 신자라고 인정하는 사람은 3분의 1도 되지 않는다. 신도 의식에 참여하는 이유는 동류의식과 자연을 숭배하는 전통을 따르기 때문이다. 신도의 전형적인 기도문과 의례는 건강과 행복, 평화와 성공을 비는 것이다. 신도를 특징짓는 상징은 신역神域으로 통하는 문인 도리이[鳥居]**로, 독특하게 휘어진 가로대가 있고 높게 솟은 이 나무문을 통과하는 사람은 외부세계를 떠나 해당 신사에서 모시는 신의 세계로 들어간다고 여겨진다. 고대 그리스의 아스클레피오스 신전과 마찬가지로 신사는 보통 언덕이나 바위, 잔잔한 물처럼 푸른 자연과 가까

---

* 이를 시치고산[七伍三]이라고 하는데, 어린이의 성장을 축하하는 잔치로 처음 상에 일곱 가지, 그다음 상에 다섯 가지, 세 번째 나오는 상에 세 가지 요리를 내놓는 축하연이다.

** 신사 입구에 세운 두 기둥의 문.

186

운 조용한 곳에 위치하고 있다. 신도에서 한 가지 흥미로운 부분은 가정에 차려진 제단 혹은 사당인 가미다나[神棚]*이다. 가미다나는 노송나무로 만드는 것이 좋고 때때로 신의 거울[神鏡]이 함께 놓인다.

신도에는 전능한 유일신이 없으며 자연이 중심이자 주된 관심사이다. 지진, 홍수, 화재를 신성한 가미가 지닌 힘의 양상으로 본다. 신도에는 유대교나 기독교의 성서, 이슬람교의 코란 같은 경전이 없다. 또한 교리문답서와 엄격한 교리도 필요없지만, 『고사기古事記』와 『일본서기日本書紀』라는 중요한 서적이 있다. 두 권 모두 일본의 역사적 사건들을 신도의 신화 및 전설과 결합하여 기록한 책이다.

신도의 주요 종파들은 고내의 방식, 신앙요법, 정화의식, 유교요리, 또는 자연, 특히 산에 대한 숭배를 보존하는 특정한 사명에 초점을 맞춘다. 개인이 창설하여 신자들이 이어가는 소규모 종파들도 있다. 모든 신도 신자가 지켜야 할 네 가지 기본 약속이 있는데 자연을 숭배하고 몸과 영혼을 깨끗이 하며 가족과 전통을 존중하고 의식과 축제에서처럼 다른 사람과 유대감을 나누는 것이다.

사무라이의 도와 무사시의 오류

신멘[新免] 무사시로 알려진 미야모토 무사시[宮本武藏]는 에도시대 초기의 무사이기도 한 이색적인 화가이다. 힘 있고 직선적이며 무사다운 패기가 있

---

* 집 안에 신위를 모셔두고 제사지내는 선반.

고 예리한 기백을 간직한 약필에 의한 수묵화, 특히 새 그림을 잘 그렸다. 쌍검을 사용하는 검도인 니토류[*]를 개발하여 니텐이치류[二天一流]의 시조가 되었다. 60여 차례의 결투에서 모두 승리한 전설적 검술가로서 검의 성인[劍聖] 겐세이kensei라고 불렸다. 신도—선불교의 무사도와 검도의 엄격한 규율을 충실히 지키는 사무라이들은 무사시가 세상을 떠나기 직전에 무도의 비법을 기록한 저서 『오륜서五輪書』에서 가르침을 배웠다. 미야모토 무사시는 많은 결투에서 승리를 거두었지만, 적을 죽이는 대신 나무 검을 선호했으며 적의 칼을 피하면서 번뜩이는 기지와 빠른 움직임으로 적에게 심각한 타격을 주었다.

나이가 들면서 무사시는 칼싸움을 삼가고 명상, 그림, 목각, 금속세공으로 많은 시간을 보냈다. 무사시는 쉰 살이 되어서야 전략을 참으로 이해했다고 말했다. 말년에는 혼자 동굴에서 살면서 1645년 세상을 떠나기 직전에 『오륜서』를 썼다. 무사시는 이 책을 '전략의 도道'로 시작했다. 그는 전술을 선택할 때처럼 주의를 기울여 단어를 골랐다고 한다. 나이가 들어 홀로 된 무사시는 자신의 인생이 끝날 때가 되었다는 것을 알았다. 그리하여 명상을 하며 시간을 보내고 자신이 전하려는 말을 정교하게 다듬었다. 무사시가 말한 '전략의 도'라는 용어는 오륜五輪이 노련한 무사의, 전쟁에 관한 조언인 동시에 명상 체계라는 것을 암시한다. 『오륜서』의 일부를 소개한다.

전략의 도

검술의 명수는 단순히 무사武士가 아니다. 전략의 도는 신에게서 나온다. 세상에

____

[*] 양손에 긴 칼과 짧은 칼을 들고 싸우는 쌍검법.

는 네 부류의 사람이 있는데 각자의 방식대로 도를 이용한다. 농부는 농사를 계획하여 작물을 심고 생산한다. 상인은 물건을 선택하여 비축하고 판매한다. 기술자는 재료를 능숙하게 다루어 솜씨 있게 사용한다. 무사는 무기를 손에 익히고 능숙하게 사용한다. 모든 부류의 사람은 먼저 무엇을 해야 할지 계획하고 적용할 기본원리를 파악하여 필요한 사람과 재료를 주의 깊게 선정한 뒤, 성공적으로 수행하기 위한 방법을 구상한다.

전략의 도를 배우기 위해서는 이 모든 과정을 되새기고 이를 각자 자기 방식대로 적용하라. 이는 한 가지 일을 극복하면 모든 일을 극복할 수 있음을 뜻한다. 한 가지 무기만 선호하지 말고 모든 무기에 대해 알아라. 자신만의 방식을 개발하고 숙달하라. 다른 사람을 모방하거나 따라하지 마라. 시긴과 껵기適期기 중요한데 여기에는 많은 연습이 필요하다. 내 전략의 도에는 모두 다섯 개의 고리가 있다. 전략은 얼마나 중요한 상황인지, 각자의 기지가 어느 정도인지에 따라 다양하다. 자기 자신과 다른 사람의 타이밍을 알고 이를 상대방의 예상에서 벗어난 방식으로 사용하면 성공한다.

첫 번째 고리: 기초를 다져 뿌리내리기

그는 공식적인 교육, 직업훈련, 붓다, 공자, 혹은 자기가 믿는 종교의 도덕적 가르침, '많은 기술과 기량'으로 성장의 기반을 면밀하게 다지라고 권한다. 이 기반은 신체적인 면과 정신적인 면, 즉 '무사의 도(육체적)'와 '문인의 도(정신적)'를 겸비해야 한다. 그는 아홉 가지 규칙을 제시하면서 이를 따르려고 굳게 마음먹고 부지런히 익히면 더 많은 것을 알게 될 것이라고 했다.

1 정직하라.

2 도를 훈련하고 숙달하라. 능숙한 실력을 유지하라.

3 다른 모든 기술에 익숙해져라.

4 직업의 도에 익숙해져라.

5 이기고 지는 것, 쓸모 있는 것과 쓸모없는 것을 분별하라.

6 직관을 기르고 인식을 높여라.

7 보이지 않는 것을 보아라.

8 세부적인 것에 초점을 맞추어라(부수적인 것과 중요한 것).

9 불필요한 일을 하지 마라.

 "이 책은 영적 안내서이다. 한 자, 한 자 읽고 깊이 생각하라. 너무 급하게 읽거나 생각 없이 읽으면 자신의 전술을 찾을 수 없을 것이다. 읽되 받아들이지 못하면 가차 없이 실패할 것이다."

두 번째 고리 : 물처럼 겸손하라

두 번째 고리에 통달하려면 물처럼 되어야 한다. 물의 모양은 그릇의 모양에 따라 달라진다. 따라서 실제 상황에 맞게 적용해야 한다. 물은 양에 따라 천천히 또는 세차게 흘러간다. 따라서 상황의 필요에 맞게 자신을 적응시켜야 한다. 맑은 물처럼 명확하게 예상하여 확실하게 방향을 잡아야 한다. 이를 알면 만 가지 일을 아는 것이다.

변함없이 확고하지만, 침착하라. 상황을 있는 그대로 받아들이되 몸은 대응할 채비를 갖추고 마음을 편히 가져라. 마음을 편히 한다고 몸까지 긴장을 늦추어서는 안 된다. 적이 네 마음을 읽게 하지 마라. 윗사람은 아랫사람의 마음을 읽

190

어야 하지만, 고매한 품성을 지니려고 분투해야 한다. 아무도 너를 속일 수 없을 때 전략의 도를 깨쳤다는 걸 알게 될 것이다.

몸과 머리를 곧게 세워 앞을 똑바로 보고, 눈썹을 찡그리지 마라. 눈을 뜨고 꿰뚫어 보라. 몸의 균형을 맞추고 중심을 잡아라. 이것이 대결자세다. 보이는 것보다 더 많은 것을 인식하고 한눈을 팔거나 잘못 이끌려 가지 마라. 앞을 보면서도 양옆을 보라. 중요하든 사소하든 모든 상황에서 매일 이런 자세를 취하라.

무기, 도구, 재료를 네 몸의 일부처럼 사용하라. 음양의 '두 발'을 발달시키되 어느 한쪽을 선호하거나 더 강하게 하지 말고 똑같이 발달시켜라. 모든 상황에서 왼쪽, 오른쪽, 위, 아래, 중간의 '다섯 방향'을 의식하라. 중간이 중심이며 가장 강한 방향이다. '검의 도'를 따라 산다는 건 항상 다섯 방향을 이용함을 의미한다. '한 번 치기'란 일격에 재빠르고 단호하게 행동을 취하거나 문제를 해결하는 것이고, '두 번 치기'란 처음에 치려는 척하다가 두 번째에 결정적인 타격을 입히는 것을 말한다.

세 번째 고리: 살아 있는 불

불은 한 전투에서나 수만 번의 전투에서나 똑같은 행동을 상징한다. 그는 끊임없이 수행을 거듭해야 실제로 행동이 필요할 때 일상에서 하는 판에 박힌 일처럼 쉽게 할 수 있다고 했다.

가장 유리한 지점을 차지하라. 적이 계속 움직이게 하여 자기 위치를 제대로 파악하지 못하게 하라. 공격하기, 물리치기, 가두기의 세 가지 기본 행동이 있다. 공격이 최선이지만, 이기려면 적의 마음과 전략을 알아야 한다. 민첩하지만 침착하게 공격하라. 방어하다가 격퇴하려면 약한 척하면서 기다렸다가 적이 혼란스러워하거나 속도가 느려졌을 때 강하게 반격하라. 전투에서 적에게 둘러싸이

면 적의 약점을 파고들며 침착하게 계속 공격한다. '베개 누르기'란 적이 불필요
한 동작을 하도록 유도하고 나를 헤칠 수 있는 동작을 못하게 하거나 물리치는
것이다. '강 건너기'란 강을 건널 때처럼 적의 약점을 찾은 뒤 그 약점을 공격하
는 것이다. 이는 인생에 있어서도 중요하다. 다른 사람들이 물가에 머물러도 그
대는 삶의 강 건너편에 있는 자신의 길을 찾아 바람이 좋지 않을 때도 노를 젓기
때문이다. '명령하기'란 구불구불한 길을 걷는 형세로 강한 지점들을 차례로 공
략하는 것이다.

'검 짓밟기'란 적의 몸과 마음을 완전히 정복하여 반격을 막고 끝까지 방심하지
않음을 의미한다. '꿰뚫기'란 적을 꼼짝 못하게 할 뿐 아니라 사기를 꺾는 것이
고, '짓밟기'는 적을 완전히 물리치고 모든 자원을 빼앗는 것이다. '적이 되기'는
적의 입장이 되어 생각하는 것인데 이렇게 하면 적의 계획과 대응을 예측할 수
있다. '시간 시험'이란 무엇이 언제 일어나는지 면밀하게 관찰하여 적의 시간 계
획을 적에게 역이용하는 것이다. 예측 불가능하도록 하고 예상 못할 행동을 하
면 효과가 더욱 높아진다. '네 개의 손'이란 적과 아군이 얽힌 교착상태를 말하
며 이런 때는 적이 예측 못할 행동을 해야 한다. '넘기기'는 적의 전략에 넘어가
는 척한 뒤, 적이 내 행동에 넘어오면 갑자기 전략을 바꾸어 공격하는 것이다.
'빨아들이기'는 적의 약점을 더 잘 파악하기 위해 적과 동일한 전략을 취하는 것
이다.

'겁주기' 전술은 작은 병력이나 행동을 훨씬 크게 보이게 하거나 실제보다 더 당
황한 척하여 적에게 혼란을 주는 것이다. '혼란' 전술은 전술을 계속 바꾸어 적
을 당황하게 하는 것이며 '산—바다' 전술은 절대로 같은 전술을 연달아 두 번
쓰지 않는 것이다. '세 번 고함을 지르라'는 전술은 싸움을 시작할 때, 싸우는 도
중, 그리고 마지막에 승리의 선언 차 고함을 지르라는 뜻이다. '쥐의 머리, 소의

목' 전술이란 한 가지 전술에서 다른 전술로, 작고 세부적인 지점에서 주요 지점으로 신속하게 바꿀 수 있어야 한다는 것이다. '놓기'란 일부러 행동을 하지 않아 싸우지 않고 이기는 것을 말하며 '바위같이 되기'는 전략의 도를 따르기 위해 있는 힘을 다하는 것이다.

네 번째 고리 : 변화하는 바람

그에게 다양한 신앙과 전통은 변화하는 바람을 의미했다. 그는 이 모두를 공부하여 그 안에 담긴 도를 알라고 권했다.

바람은 여러 방향에서 불어온다. 약하기도 하고 강하기도 하며 자주 바뀐다. 이론과 신앙, 방법과 재료도 마찬가지다. 이러한 다양성을 알되 근원적인 원리를 이해하면 그 모든 도를 아는 것이다. 이러한 사실을 인식하지 못하면, 자신이 알고 믿는 것에 스스로 국한되며, 오직 한 방향으로만 나 있는 좁은 길을 벗어날 수 없다.

대부분의 길은 전략의 도가 아니지만, 전략의 도는 모든 길에 있다. 어떤 길은 좁고 어떤 길은 넓다. 어떤 길은 강하고 어떤 길은 약하다. 어떤 길은 과하고 어떤 길은 모자란다. 어떤 길은 눈이나 발을 강조하고 어떤 길은 속도나 비법을 강조한다. 이기기 위해서는 적의 약점을 이용해야 한다. 그러려면 적의 다양한 길을 알아야 한다.

다섯 번째 고리 : 비어 있음

다섯 번째이자 마지막 단계는 어떤 편견이나 선입견, 고정관념도 갖지 않도록 마음을 여는, 즉 선불교에서 말하는 신비로운 도약을 의미한다. 마음이 흔들리지 않아야 하며 원하거나, 기대하거나, 두려워하거나, 필요로 하지 않는 무엇이 앞에 있더라도 그것에 마음을 열어야 한다. 앞의 네 고리가 이 마지막 고리를 구축한다. 마지막 고리는 명백하든, 모호하든, 여기에 있든, 모든 곳에 있든, 아무 곳에도 없든 간에 모든 일과 모든 사람을 아는 높은 경지이다. 이 고리를 그는 '시작과 끝이 없이도' 알며 '자연의 도와 힘'에 열려 있는 경지로 표현했다. 그는 이렇게 말한다.

존재하는 것을 알면 존재하지 않는 것, 즉 비어 있는 것[空]도 알게 된다. 많은 사람들은 비어 있는 것을 이해할 수 없는 것으로 생각한다. 하지만 그렇지 않다. 전략의 도를 알기 위해서는 비어 있는 길도 열심히 공부해야 한다. 그러면 마음이 안정된다. 매일 수행하면 생각과 느낌이라는 두 단계의 마음이 발전하고 감지와 인지를 통해 두 단계를 마음에 그릴 수 있다. 무수한 불확실성이 지나가면 공空이 남을 것이다. 고정관념, 엄격한 체계, 만사가 좋다는 믿음은 전략의 도가 아니다. 도는 오류 없는 진리, 악의 없는 미덕, 마음을 넘어서는 지혜가 있는 공의 상태에 존재한다."

하이쿠[俳句]

일본 고유의 단시형短詩形인 하이쿠는 5 · 7 · 5의 17음音 형식으로 이루어진다. 해학적이고 응축된 어휘로 인정人情과 사물의 기미機微를 재치 있게 표현하는 하이쿠는 일본 시가문학에서 커다란 장르를 형성하고 있다. 일본의 가장 유명한 시인 중 하나인 마쓰오 바쇼[松尾芭蕉](1644~1694)의 하이쿠를 소개한다. 바쇼의 문학은 여정餘情을 중시한 중세적 상징미를 근세적 서민성 속에 살린 것으로, 하이쿠의 예술성을 높인 공적이 매우 크다.

194

바쇼의 하이쿠

아름다운 그릇에

이 꽃들을 꽂자

그릇에 밥이 없으니

                    둥글고 납작한 달을 따서

                      나무 손잡이를 달면

                    얼마나 멋진 부채가 될까

여기에서 천 명의 대장이

전투에서 승리를 거두었다

높이 자란 풀이 그들의 기념비다

                    왜 그렇게 야위었니, 고양이야?

                      생선이나 쥐를 원하니?

                    아님 뒷마당에서의 사랑?

다른 시인들의 하이쿠

그해에 처음 꾼 꿈을

나는 비밀리에 간직했다

혼자 웃으며 __ 쇼우Sho-u

선명한 색의 돌이

개울 속에서 떨고 있다

어쩌면 물일지도 모르겠다 ― 소세키Soseki

나는 돌아누워야 하니

옆에 누운 귀뚜라미여

지진을 조심하라 ― 이싸Issa

단순한 믿음 속에서 살라

벚꽃이 시들어 떨어지는 것을

믿는 것처럼 ― 이싸Issa

그들이 나를 원할 때

말하라. "그는

다른 세상에 볼일이 있다고" ― 소칸Sokan

강둑의 자두나무여,

강에 비치던

꽃들이 정말로 떠내려가 버렸는가? ― 부손Buson

이제 야생 거위들이 돌아왔다.

무엇이 거위들을 울게 하는가?

왜 길고 어두운 밤 내내 울고 있는가? ― 로카Roka

아이가 없는 한 주부가

팔려고 내놓은 작은 인형을

얼마나 다정한 손길로 만지고 있는지 _ 란세츠Ransetsu

내 오두막이 불타 재가 되어버렸다

하지만 내 언덕 위의

벗나무에는 아름다운 꽃이 피었다 _ 호쿠시Hokushi

나는 달을 떠서

내 물통에 담았다

하지만 풀 위에 쏟아버렸다 _ 류코Ryuko

예쁜 나비여!

솔잎을 조심하라.

세찬 바람에 바늘 끝으로 찌를 테니 _ 슈센Shusen

마지막으로 가야 하는 긴 길에

영원히 누웠을 때

나는 꽃과 함께 잠들리라 _ 소라Sora

티베트의 빛

『티베트 사자死者의 서書』

천 년 전, 높은 히말라야 산중에서 티베트 승려들이 죽음부터 환생할 때까지의 여정을 가르쳤다. 『티베트 사자의 서*The Tibetan Book of the Dead*』로 불리는 『바르도 퇴돌*Bardo Thodol*』은 티벳불교의 대가 파드마 삼바바[蓮華座]가 8세기경에 쓴 108개의 경전 중 하나로 내용과 형식 면에서 소승불교나 대승불교보다 비밀스럽고 신비한 탄트라불교Tantric Buddhism(혹은 Esoteric Buddhism)에 속한다. 탄트라불교는 인도에서 발달해 중국, 한국, 일본에 전해졌고, 또한 티베트에도 전해져 각자 독자적 전개를 보였다. 인도어의 호칭은 바즈라야나vajrayana이며 금강승金剛乘으로 번역한다. 티베트의 불교신자들은 이승에서 깨달음을 얻지 못해도 49일 동안 사후의 세 바르도bardo(단계를 뜻하는 산스크리트어)를 거치며 이를 얻을 수 있다고 믿었다. 죽음이 그 첫 단계 치카이 바르도chikhai bardo이고, 두 번째 단계는 떠돌아다니는 꿈같은 쵸니드 바르도chonyid bardo, 마지막 세 번째 단계는 환생 전인 시드파 바르도sidpa bardo이다. 산 자가 사자에게 이 책을 소리 내어 읽어주는데, 사자가 환생의 길을 찾도록 돕기 위해서이다. 전형적인 기도문의 예와 함께 각 단계의 내용을 소개한다.

지침

이 가르침으로 사후에도 성불할 수 있다. 이 가르침과 사후 일어나는 일들을 듣고 기억하며 되새기고 알면 성불할 수 있다. 죽는 순간에 이 가르침을 알고 있었다면 길고 고통스러운 여정을 거치지 않아도 된다. 이 가르침을 모른다면 지금 주의 깊게 들어라. 경험할 광경과 소리는 그대가 어떤 종교를 믿는지 그리고 그대가 얼마나 그 종교를 실천하며 살았는지 상관없이 나타날 것이다. 가르침을 받아들이고 흡수하면 의식이 시체와 분리되자마자 그대는 자유로워질 것이다. 이것은 위대한 자유이다. 가장 죄 많은 사람도 이 가르침과 사후에 일어나는 일을 듣고 기억하며 되새기고 알면 자유로워질 수 있다. 또한 이 가르침을 불신하지 않는 것만으로도 자유로워질 수 있다.

설명

이 가르침을 모든 사람, 병자, 죽어가는 사람, 사자에게 읽어주어라. 이것을 배우고 되새기고 깨달아라. 이것을 단 한 번만 듣거나, 완전히 이해하지 못하더라도 바르도에서 이를 기억하고 이해하게 될 것이다. 바르도에서는 기억력이 아홉 배나 좋아지기 때문이다. 사람이 죽으면 그를 가르쳤던 스승이 이 가르침을 읽어주어야 한다. 그것이 불가능한 경우에는 같은 신앙을 가진 형제나 학식 있는 사람이 읽어주어야 한다. 그것도 불가능할 경우에는 목소리가 또렷한 사람이 읽어주어야 한다. 읽는 동안 조용해야 하며 울음소리가 없어야 한다.

시신이 없을 때는 읽는 사람이 고인의 침대나 의자에 눕거나 앉아야 한다. 고인의 영혼이 그곳에 있을 것이다. 시신이 있다면 죽음이 찾아왔을 때 그 사람의 귀에 대고 또박또박 읽어주어야 한다. 제물을 올리고 좋은 향을 피워야 한다. 사자가 49일 동안 바르도를 여행하는 동안 이 가르침을 매일 세 번 혹은 일곱 번 읽어주어야 한다. 심장이 멈추고, 폐가 활력을 잃고, 마음이 더 이상 이승의 일을 인식하지 못하기 전에 『사자의 서』를 처음 한 번은 꼭 읽

어주어야 한다. 고인에게 읽어준 『사자의 서』는 시신과 함께 묻거나 태워야
한다.

치카이 바르도

　전에 이 말을 들었을지 모르지만, 그대는 지금 자신이 죽었다는 사실을 알
지 못한다. 자신이 죽었다는 사실을 알 수도 있지만, 이를 이해하지는 못한다.
이제 집중하라. 지금 듣고 있는 말이 기억나면 정광명淨光明(Primary Clear Light)
을 볼 수 있다. 이 가르침을 받아들이고 진지하게 진리를 찾아 좋은 업보와
결합시키면 세 단계의 바르도를 거칠 필요 없이 해탈의 경지에 이를 것이다.

기도문

　모든 것을 알고 모든 것을 보며 모든 것을 사랑하고 지켜주시는 온 사방의
붓다와 보살님들, 지금 도움이 필요한 자에게 오소서. 지혜롭고 이해심 많으
며 강하고 지켜주시는 무한한 자비로운 이들이여, 이승을 떠나는 아무개(고
인의 이름)에게 조언을 주소서. 이것은 커다란 변화이고 아무개는 도움과 깨달
음이 간절히 필요하나이다. 아무개는 아무런 보호도 받지 못한 채, 업보의 힘
으로 둘러싸인 텅 빈 공간 속 깊은 곳으로 떨어지고 있나이다. 아무개는 불안
과 두려움에 떨고 있으며 바르도를 헤쳐 나갈 힘을 필요로 하나이다. 자비로
운 이들이여, 이 미약한 자를 도우시고 이 무방비한 자를 보호하소서. 도움의
손길과 힘을 주소서. 아무개를 두려움, 악한 업보의 힘, 길고 고통스러운 바르
도에서 구하소서. 그대들의 힘과 사랑이 아낌없이 흐르게 하소서. 진심으로
겸허하게 그리고 간절히 믿으며 바라옵나이다.

첫 번째 기도문

사방의 붓다, 도의 아버지, 성스러운 어머니, 도의 형제자매, 현재와 과거 모든 시대의 스승, 신, 신령, 수많은 신자들이여, 사랑과 연민으로 듣고 그 길을 걷게 도와주소서.

두 번째 기도문

우리가 이생을 살면서 이생에서 깨달음의 길을 찾아 헤맬 때, 전지하신 붓다와 스승들이 우리를 일깨우고 강하게 하셨나이다. 성스러운 어머니여, 우리에게 안식을 주시고 또한 우리를 도우소서. 우리가 길고 고통스러운 바르도를 모면하게 하소서. 우리로 하여금 성불하게 하소서.

열 번째 기도문

우리가 아축불阿閦佛(Blue Buddha)이 다스리는 동방에서 환대받게 하소서. 보생불寶生佛(Yellow Buddha)이 다스리는 남방에서 환대받게 하소서. 아미타불阿彌陀佛(Red Buddha)이 다스리는 극락세계西方淨土에서 환대받게 하소서. 미묘성불微妙聲佛(Green Buddha)이 다스리는 북방에서 환대받게 하소서. 비로자나불毘盧遮那佛(White Buddha)이 다스리는 연화장蓮華藏*의 세계에서 환대받게 하소서. 모든 붓다와 함께할 수 있도록 모든 세계에서 환영받게 하소서. 바르도의 모습과 소리가 우리의 모습과 소리가 되게 하소서. 삼신三身(Tri-kaya), 즉 신비로운 화합의 법신法身(Dharma-kaya), 지혜의 보신報身(Sambhoga-kaya), 깨달음의 화신化身(Nirmana-kaya)을 보고 받아들이고 함께하게 하소서.

---

* 청정과 광명이 충만한 이상적인 불국토佛國土.

스물네 번째 기도문

환생할 시간이 되면 악에서 벗어나게 하소서. 바라옵건대 태어날 때 나쁜 업보에서 벗어나게 하소서.

스물일곱 번째 기도문

처음 나의 미래 부모를 보았을 때 신성한 어머니, 아버지이게 하소서. 환생을 선택했을 때 붓다의 심성을 지니게 하소서.

서른 번째 기도문

일과 의무를 익힐 때 빠르게 이해하고 배우게 하소서. 어디서 태어나든 만사가 잘 되게 하시고 저를 만나는 모든 사람이 행복하게 하소서.

마지막 기도문

진실로 바라오니 나의 동기와 의도가 순수하게 하소서. 모든 곳의 모든 사람이 성불하게 하소서. 깨달음이 온 세계에 퍼지게 하소서. 이 가르침을 모두 잘 따르게 하소서. 미덕과 선함이 영원토록 충만하게 하소서.

쵸니드 바르도

(사자에게 끔찍한 업보의 환상이 보이고 들리는 단계다. 자신이 죽었다는 사실을 알기까지 사흘 반이 걸린다고 한다. 사자의 영혼은 누구에게도 보이거나 들리지 않는다. 14일 동안 사자는 이름으로 불리고 이 말들을 듣는다.)

전념을 다해 주의 깊게 들어라. 여섯 상태의 바르도(단계)가 있는데 세 개는 삶, 나머지 세 개는 죽음과 관련 있다. 첫 번째 단계는 탄생을 기다리며 자궁

속에 있는 상태, 두 번째는 꿈꾸는 상태, 세 번째는 신비로운 화합을 경험하는 상태다. 네 번째는 죽는 순간인 치카이 바르도, 다섯 번째는 죽은 뒤 업보의 환영들이 나타나는 쵸니드 바르도, 여섯 번째는 환생을 추구하는 시드파 바르도이다. 그대는 이미 치카이 바르도를 통과했다. 정광명이 비쳤지만, 그대는 그것을 보거나 그것과 하나가 되지 못했기 때문에 지금 쵸니드 바르도에 있다. 주의 깊게 들어라. 그대는 죽었고 이승을 떠날 시간이다. 그대는 홀로 이승을 떠나지만, 죽음은 모든 사람에게 찾아오고 다른 사람들도 이전에 이 길을 지나갔다는 사실을 알아야 한다. 계속 살고 싶거나 떠나기가 두렵더라도 삶에 집착하지 마라. 그대는 여기에 머물 힘이 없으므로 목적 없이 헤매는 것은 아무런 가치가 없다. 이 가르침과 이를 가르친 자비로운 붓나를 생각하라. 이렇게 명상하라.

업보의 환영들이 덮쳐 두려움과 공포가 커지면 그 업보들이 내 안에서 나온 것이며 죽음의 바르도의 자연스러운 일부라는 사실을 깨닫게 하소서. 좋은 업보와 악한 업보의 환영들이 제 자신의 것임을 깨닫게 하소서.

시드파 바르도

(세 번째이자 마지막 단계로 사자에게 환생의 길을 찾는 방법을 알려준다. 15일째 되는 날 시드파 바르도를 사자에게 읽어준다.)

그대는 쵸니드 바르도에서 신과 하나가 되지 않았기 때문에 지금 시드파 바르도에 와있다. 여기서 태어나는 것은 속세에서 태어나는 것과는 다르다. 그대는 자신이 죽었다는 사실을 알지 못했으므로 그대의 의식은 물에서 뛰어오른 물고기처럼 바뀌었다는 것을 기억하라. 바르도에서 자아는 인간의 자아와 비슷해 보이지만, 앞으로 일어날 일의 징후가 나타나기 때문에 더욱 완벽하고 긍정적이다. 의식을 명료하고 긍정적으로 유지한다면 자궁에 들어가지 않고도 자유에 이를 것이다. 이렇게 할 수 없다면 그대의 스승이나 그대가 믿는 신에 대해 명상하고 그들이 그대 머리 위의 왕관이라고 생각하라. 더 이상 인간의 몸이 아니기 때문에 그대는 어느 쪽으로든 자유롭게 움직일 수 있다. 심지어 집과 산도 통과할 수 있다. 크기나 모습을 바꿀 수도 있다. 이제 그대와 바르도의 존재들(신들 그리고 다음 생에 함께할 이들)은 서로 볼 수 있다. 이것은 그대가 시드파 바르도에 있다는 증거다. 이를 받아들여라.

그대는 인간을 보고 들을 수 있지만, 그들은 그대를 보거나 듣지 못한다. 사랑하는 사람을 보면 물에서 나와 불 속에 들어가는 물고기처럼 큰 고통을 겪게 될 것이다. 첫 주에서 일곱째 주까지 그대는 자신의 업보에 따라 회백색 빛 속에 있을 것이다. 뒤에서 업보의 바람이 불어와 그대를 떠밀 것이다. 두려워 마라. 그대 앞에는 어둠과 비명, 위협이 도사리고 있다. 하지만 이것들은 그대 안에서 나오는 것이므로 두려워 마라. 나쁜 업보는 악령, 맹수, 격분한 폭도, 자연재해를 불러오고 그대의 죄를 현실이 되게 할 것이다. 달아나면 분노, 이기심, 어리석음이라는 세 가지 계곡의 낭떠러지 위에 설 것이다. 이것도 그대가 시드파 바르도에 있다는 증거다.

어떤 일이 일어나더라도 마음이 흐트러지지 않게 하라. 의식이 흐릿해지고 절망을 느낄 수도 있다. 의식을 명료하게 유지하기 위해 명상하라. 그대는 먹을 수 없지만 그대에게 주어지는 영적인 힘은 흡수할 수 있다. 그대는 자신의 집과 사랑하는 이들 심지어 자신의 시신도 볼 것이다. 그러면 슬픔을 느끼며 환생을 원하고 그 방법을 찾게 될 것이다. 하지만 인내심을 가지고 명료한 의식을 유지하라.

❋ ❋ ❋

이제 사자와 나이, 성별이 같은 두 영혼이 함께 하는 최후의 심판에서 진심과 믿음으로 진실을 말하라는 지시가 이어진다. 한 영혼은 사자의 선행을, 다른 영혼은 악행을 헤아린다. 사자가 거짓말을 하면 죽음의 왕이 "너의 머리를 자르고 심장을 도려낼 것이다. 창자를 꺼내고 뇌를 먹고 피를 마실 것이다. 살을 씹고 뼈를 갉아먹을 것이다"라고 말할 것이다. 그리고 필요하다면 이를 계속 반복할 것이다. 이 모든 것이 자신의 생각에서 나오며 스스로 자초한 것이다. 업보의 환생은 열반에서 끝난다. "지금까지 아무것도 깨닫지 못했더라도 명상하고 붓다에게 기도를 올리면 자유를 얻을 수 있다." 기도문을 읽음으로써 "기억이 나고 깨달으며 받아들이고 하나가 되어 마침내 자유를 얻는다."

이 단계가 끝날 때 죽은 자는 "존재의 여섯 세계에서 오는 빛을 볼 수 있는데 그중에서 자신이 다음 생을 보내게 될 세계가 가장 밝게 빛날 것이다"라고 쓰여 있다. 글은 계속해서 "그대가 태어날 수도 있는 대륙이 보일 것이다. 그중에 신앙이 강한 곳을 골라야 한다. 좋은 냄새로 적당한 자궁을 고를 수 있을 것이다. 고삐를 잡아당겨 말을 다루는 사람처럼 정신을 흩트리지 말고 선하고 고귀한 생각에 집중하면 그 자궁으로 들어갈 수 있다. 사랑과 믿음으로 자궁에 들어가 자궁을 성전으로 바꾸어야 한다"고 이어진다. 나쁜 자궁이 좋아 보일 수 있지만 "명상으로 숙련된 자들은 거리낌 없이 현명한 판단을 내릴 수 있다." 시드파 바르도는 마지막 간청으로 끝난다.

이 특별한 가르침과 하나가 되어라. 그러면 성불할 수 있다. 과거와 현재 그리고 미래의 붓다들은 이 가르침을 뛰어넘을 수 없다. 사자를 자유에 이르게 하는 단계가 이제 완성되었다.

티베트의 불교신자들은 전통적으로 사방에 붓다가 있다고 믿었다. 북쪽에는 미묘성불이 있다. 미묘성불은 모든 것을 이루는 지혜, 용맹, 단호함, 의지력의 붓다이며 하피harpy(날개달린 괴물), 맑은 공기, 푸른 들판으로 상징된다. 남쪽에 있는 보생불은 모든 것을 포용하는 지혜, 자비, 인간애, 평등의 붓다이며 말, 흙, 황색으로 상징된다. 서쪽에 있는 아미타불은 안식眼識, 수용력, 채워지지 않는 욕구, 확신의 붓다이며 공작, 불, 적색으로 상징된다. 동쪽에 있는 아축불은 삼라만상을 비추는 지혜 즉, 대원경지大圓鏡智*의 붓다이며 코끼리와 피리, 물, 청색으로 상징된다. 그 중앙에 비로자나불이 있는데 보편적 의식, 초월, 변화의 붓다이며 바퀴, 사자, 천상의 공간, 백색으로 상징된다.

북아메리카의 평원 인디언들에게도 이와 비슷한 체계가 있었다. 인디언은 북쪽에 지혜의 흰 물소, 남쪽에 순진한 녹색 쥐, 동쪽에 깨달음의 노란 독수리, 서쪽에 자기성찰의 검은 곰, 중앙에는 의술의 바퀴가 있다고 믿었다.

몇 년 전에 학교 상담사들을 대상으로 '고대 동양에서의 치료요법'에 대해 강연하면서 이 개념에 대해 짧게 설명한 적이 있다. 강연이 끝난 뒤 청중 속에 있던 한 체로키 인디언 치료주술사가 다가와 내게 말을 걸었다. 그 사람은 함박웃음을 지으며 그토록 비슷한 형상이 먼 나라의 전통에도 있다는 말을 듣고 큰 감동을 받았고 말했다.

---

* 큰 거울에 삼라만상이 비치는 것과 같은 지혜.

206

네 자신을 "지향하라"

명상은 열린 창으로 들어오는
산들바람이다.

—지두 크리슈나무르티Jiddu Krishnamurti*,
　『이것들을 생각하라*Think on These Things*』(1975)

* 인도의 철학자

명상은 영적 깨달음을 얻기 위해 가장 많이 사용되며 동시에 가장 유용한 방법이다. 명상의 방법은 많지만, 가장 흔한 방법은 방해받지 않는 편안하고 조용한 장소에서 15~20분 동안 매일 하는 것이다. 많은 사람들이 일종의 개인적인 사원이라 할 수 있는 특별한 명상 장소를 가지고 있다. 방 한구석 또는 선반이나 사이드테이블의 작은 공간이 될 수도 있다. 향, 부드러운 음악 또는 촛불이 명상에 도움이 된다는 사람들도 있다. 언젠가 나이든 불교 승려에게 명상에 가장 도움이 되는 것을 추천해달라고 부탁했더니 "지금 바로 여기서 명상하는 것이 어떻습니까?"라고 말했다. 명상은 언제, 어디서나 할 수 있지만 사람들은 조용한 장소에서 혼자 명상하는 것을 선호한다.

명상의 인식을 발달시키는 데 특히 도움이 되는 자세가 있다. 가장 흔한 것 중 하나가 팔짱을 끼고 책상다리로 앉는 자세다. 많은 사람들이 요가의 가부좌에 불편을 느끼는데 굳이 가부좌를 할 필요는 없다. 명상의 목적은 주의를 집중한 뒤 마음을 비워 평정을 얻고 의식을 높이는 것이다. 몸이 긴장하거나 아프면 목적을 달성하기 어렵다.

명상의 인식을 발달시키기

명상의 인식을 발달시키기 위한 첫 번째 단계는 새로운 모험에 대한 열망과 호기심으로 가득 찬 아이처럼 열린 마음을 갖는 것이다. 자기 내면으로의 여행은 우주비행사가 우주공간을 탐험하는 것만큼 흥미진진할 수 있다. 고대 그리스의 신전 입구에 다음의 문구가 새겨져 있었다. "마음이 순수한 자만이 여기에 들어갈 수 있다." 이 문구는 고귀한 진리를 좇는 사람들에게 "행실을 바로 하라"라고 상기시켜 주었다. 선사들은 "얼마나 많은 짐을 지고 있느냐?"라고 물었다. 어떤 선사들은 초심자들에게 "짐을 밖에 두라"고 말했다. 이는 매일 나누는 대화와 일상생활에 심오하고 신비한 의미를 적용한 사례이다.

열린 마음에는 아무것도 기대하지 않는 것이 포함한다. 손실이나 이익을 따지지 말아야 한다. 그것이 이타심의 시작이기 때문이다.

서양인은 명상에서 패스트푸드처럼 빠른 효과를 기대하는 나쁜 습관이 있다. 명상의 인식, 신비한 통찰력 혹은 지혜는 사거나 팔 수 없다. 꽃은 자연과 자신의 본성에 의해 길러져 저절로, 홀로 핀다. 선불교에는 강물을 거스르지 말라는 말이 있다. 성급함은 마음의 강을 막을 수 있다. 자신의 본성뿐 아니라 마음의 강이 자연스럽게 흘러가는 대로, 자연의 섭리를 따라가라.

사전에서는 명상을 '깊고 지속적인 생각, 집중, 숙고 혹은 사색'으로 정의한다. 명상은 보통 종교적인 정신 집중과 연관되지만, 반드시 그렇지만은 않다. 신비주의와 마찬가지로 명상은 심리 상태이며 영적 과정이기 때문에 말로 표현하기 어렵다. 아름다운 일출이나 일몰 혹은 감동적인 이야기나 한 곡의 음악이 신비로운 명상의 경험이 될 수 있다. 두 사람이 같은 것을 보고 듣더라도 그것을 제각기 다르게 인식한다. 그 경험이 당신을 신에게 인도하거나 신과 연결시킨다면 신비한 일이며 이는 규칙적인 명상에서 얻을 수 있는 최상의 효과이다.

명상은 변화된 의식의 상태이며, 자신 속에 있는 우물 아래로 내려가고 또한 더 높은 수준의 인식으로 올라가는 것으로 표현된다. 명상은 도움을 요청하거나 생각을 전하는 기도와는 다르다. 명상은 연결에, 기도는 대화에 더 가깝다. 많은 정신건강 전문가들은 진정효과 때문에 명상을 추천한다. 명상이 정신치료를 대체하는 것이 아니라 보완하는 것이다.

일과 속에서 영감 찾기

일간신문에서 한층 높은 수준의 영적 혹은 명상적 인식과 관련된 영감을 불러일으키는 항목을 찾아라. 뉴스기사일 수도 있고 광고, 사진 또는 그 외에 무엇이라도 괜찮다. 자신에게 영감을 주는 것이 다른 사람들에게는 그렇지 않을 수 있음을 기억하라. 영적 성장은 개인적인 과정이다. 매일 하는 활동 중에서 보다 높은 가치나 의식과 관련된 것을 찾으려고 노력하라.

평화로운 장소 상상하기

매일 밤, 자려고 침대에 누웠을 때 자신만의 특별하고 평화로운 장소를 상상하라. 사회적 관계에 마음이 흐트러지지 않도록 그곳에서는 혼자 있어야 한다. 혼자 있어야 개인적 과정인 영적 성장이 용이해진다. 실제로 존재하는 장소여서는 안 된다. 그곳에 머물렀던 시절과 그곳 사람들이 떠올라 명상의 인식을 방해하기 때문이다. 그 장소는 안전하고 편안하며 오직 그대만을 위한 특별한 곳이어야 한다. 산꼭대기의 작은 집, 바닷가의 오두막, 아름다운 정원, 잔잔한 강 위에 떠 있는 배, 혹은 각자가 평온함을 느끼는 풍경을 생각하라. 매일 밤 잠들 때 같은 풍경을 그려보라. 길고 천천히 심호흡을 하면 긴장을 푸는 데 도움이 된다. 끼어드는 다른 생각을 애써 떨쳐 버리려고 하지 말고, 대신 그 풍경 속의 세세한 것들에 집중하라. 그러면 심상이 더 또렷해지고 방해하는 생각들이 희미해질 것이다.

짧은 휴가

낮 동안에 자신만의 평화로운 풍경을 간간히 그려보라. 몇 초 동안 눈을 감고 심호흡을 하면서 그려보면 좋다. 운전 중이나 정신집중이 필요한 일을 하고 있을 때 하면 안 된다. 아침 밥상 앞에 앉아 첫 술을 뜨기 전, 출근해서 책상에 앉았을 때, 점심식사 직후, 버스, 지하철, 기차 혹은 비행기 안에서, 집에

도착했을 때, 차에서 내리기 전, 욕실에서, 옷을 입고 벗는 동안 등이 적당한 때이다. 이렇게 하면 잠자기 전에 평화로운 광경을 더욱 또렷하게 그릴 수 있고, 스트레스를 받는 상황에서 긴장을 풀 수 있다는 또 다른 이점도 있다. 긴장될 때는 단순히 평화로운 광경을 그리며 평소보다 약간 더 깊게 숨을 쉬어 보아라. 아무도 알아차리지 못하겠지만, 그대는 자신의 평화로운 장소에서 실제로 몇 분을 보낸 것처럼 마음이 진정되는 효과를 느낄 것이다.

짧은 명상

위에서 간략히 설명한 단계들을 수행했다면, 침대나 바닥에 등을 대고 누워 다리를 약간 벌리고 팔은 몸 옆에 두되 옆구리에 닿게 하시는 바라. 손바닥을 위로 하고 베개를 베라. 이것은 요가의 좌법에서 '송장자세'라고 불린다. 테이프가 다 감기면 자동으로 꺼지는 녹음기를 구하라. 대부분의 녹음기가 그렇다. 30분짜리 테이프(양 면에 각각 15분)를 사용하라. 방송이 나오지 않는 텔레비전 채널을 켜고 그 소리를 녹음하라. 들어보면 마치 파도소리 같다. 하지만 거기에 음악이나 말소리가 섞이지 않도록 해야 한다. 이 소리는 '백색 소음'*에 가깝고 긴장을 푸는 데 도움이 된다. 하루에 한 번 하면 좋다. 방해를 받지 않는 조용한 시간에 자리에 누워 테이프를 틀어놓고 적당히 볼륨을 맞춰라. 최저음이 좋다. 원한다면 전화기를 꺼놓아도 좋다. 매일 밤 방문하는 그 장소를 다시 마음속에 그려본다. 그리고 자신만의 평화로운 장소에서 15분 동안 명상을 한다. 녹음기가 꺼지면 백색 소음이 멈춘다. 바로 일어나지 말고, 잠깐 머물면서 기분 좋은 휴식의 여운을 즐겨라. 밤이든 낮이든 언제든 자신

---

* 넓은 주파수 범위에서 주파수 성분이 같은 세기로 골고루 분포된 소음.

만의 평화로운 장소에 갈 수 있다는 사실을 기억하고, 이러한 명상을 자신의 페이스를 조절하고 일상생활에 대처하는 데 이용하라.

붓다의 명상 방법

붓다는 하루 중 어느 때라도 조용한 장소에서 30분 정도까지 명상할 수 있다고 가르쳤다. 실내건, 실외건 조용하거나 특별히 준비된 장소로 평화로운 환경이어야 한다. 붓다는 힌두교 가정에서 태어나 자랐는데, 상체를 꼿꼿이 세운 채 가부좌를 틀고 앉아 몸이 피라미드 모양을 이루는 요가 자세를 취했다. 붓다는 결가부좌를 강조하지는 않았다. 안정되고 균형 잡힌 자세면 충분하다. 주의를 집중할 수 있을 만큼 불편함 없이 편안해지는 것이 목표지만, 잠들 만큼 편안해서는 안 된다.

불교신자의 명상은 평정명상(사마타 수행samatha-bhavana)과 통찰명상(위파사나 수행vipassana-bhavana)으로 불리는 두 가지 집중상태로 설명할 수 있다. 평정명상은 한 가지 일에 주의를 집중하는 명상이다. 예를 들어, 색, 불꽃, 물 또는 호흡 같은 신체 기능이나 다섯 가지 번뇌(악의, 근심, 나태, 의심, 색욕)에 주의를 집중할 수 있다. 평온, 자유, 환희를 느끼면 평정명상 상태에 이르렀다는 뜻이다. 통찰명상은 특정 지각에 더욱 강하게 집중하는 것이다. 예를 들어 호흡이 명상의 대상이라면 숨쉬기 전과 도중, 후의 공기, 공기가 콧구멍으로 들어가 폐로 흘러가는 과정, 그 공기와 하나가 되는 느낌 등 숨쉬기의 모든 측면에 집중하는 것이다. 평정명상은 통찰명상으로 이어지고 통찰명상은 평정명상에 따라서 좌우된다. 붓다는 명상에 접근할 수 있는 다양한 방법을 추천했다.

212

신체명상

눈을 감고 숨을 규칙적으로 들이마시고 내쉬는 것을 의식하면서 긴장을 풀어라. 모든 감각을 의식하라. 처음에는 이상해 보일 수 있지만, 더 깊이 있는 통찰명상으로 발달시키는 데 도움이 된다. 신체명상body meditation은 매일 연습해야 한다. 아침에 일어날 때와 잠들 때 하라. 일상적인 활동이 신체명상의 방법이 된다. 자신이 무엇을 하고 있는지 곰곰이 생각하라. 눈을 뜨고 있을 때에도 평화로운 광경, 벽의 그림, 카펫이 깔린 바닥, 옷감, 가구, 심지어 컴퓨터를 보면서도 명상의 인식을 발달시킬 수 있다. 조용하게 혼잣말을 하는 것도 도움이 될 수 있다. 어느 때라도 몇 분 동안 일을 멈추고 자신이 하는 일을 어떻게 인식하는지 표현하라. 족각과 온기, 압력에 내한 감각과 그 느낌을 발달시켜라.

시각

방금 설명한 신체명상 방법을 이용해 자신이 보고 있는 것에 정신을 집중하라("나는 ……을 보고 있다").

미각

미각을 명상의 대상으로 사용하는 좋은 예로 일본의 다도를 들 수 있다. 음식을 천천히 먹을수록 맛, 질감, 온도, 향에 대한 명상적 인식을 발달시키는 데 도움이 된다. 입안에서 일어나는 일을 충분히 체험하라. 자극적이지 않은지, 짜릿한지, 또는 매운지, 달콤한지, 쓴지, 혹은 신지, 따뜻한지, 차가운지 등의 느낌을 말하라.

향

후각에 정신을 집중하라. 좋고 나쁜 냄새를 인식하라. 금방 자리를 뜨지 말고 한동안 머물러 냄새를 느끼고, 늘 냄새에 대해 자신에게 조용하게 말하라.

물건

단단하거나 부드러운, 따뜻하거나 차가운, 크거나 작은, 고정되어 있거나 움직이는 물건과 물건의 촉감 그리고 느낌에 대해 명상하라. 단단한 줄기, 부드러운 잎, 날카로운 가시, 좋은 향이 있기 때문에 장미는 명상하기 좋은 대상이다. 장미는 수천 년 동안 효과적인 명상의 대상이었다. 어떤 물건이라도 괜찮다. 시간이 지나면 하나가 될 물건을 내키는 대로 선택할 수 있게 되고 그러면 마음의 눈을 뜨는 데 도움이 된다.

감정

감정도 명상의 대상으로 이용할 수 있다. 예를 들어 좋거나 나쁜 기분, 확고하거나 변하거나 복잡한 기분이 있다. 감정이 어떻게 변화하는지, 어떻게 생겼다 사라지고 희미해지는지, 어떻게 달라지는지, 마치 구름이 땅 위를 지나가는 것처럼 감정이 어떻게 자신을 피해가고 거쳐가는지 관찰하라.

마음챙김

마음명상mind meditation은 다른 사람의 생각을 관찰하는 것과 비슷하다. 스탠퍼드 대학의 심리학과 교수 어니스트 힐가드는 이를 '숨겨진 관찰자a hidden observer'라고 표현했다. 사소한 것에서 심각한 것까지 무엇이든 마음속에 있는 것에 대해 명상하라. 마음속의 어떤 생각은 미소를 떠올리게 할 것이다! 또 어떤 생각은 얼마나 어리석은지 깨닫게 될 것이다. 마음명상이 중요한 건 이 때문이다. 마음명상은 먼저 마음속에 무엇이 있는지 보고 그 중에 정말로 중요한 것을 가려내도록 돕는다. 붓다는 선(선이 무엇일까?)과 선의 부재, 욕망과 욕망의 부재, 사고와 감정(어떤 것이 더 나을까?), 정형과 무정형, 단순성과 복잡성, 이기심과 이타심, 평온과 긴장 같은 더욱 심오한 생각들에 대해 깊이 생각하라고 권했다. 이렇게 하면 더 심오한 명상으로 가는 문이 열린다.

선불교의 현대식 적용

선불교 사상을 적용하면 더 높은 명상의 인식으로 도약하는 데 유용할 수 있다. 이러한 능력을 발달시키려면 3장에 나오는 공안과 우화를 되새겨보라. 공안에 대해 하나 이상의 답을 생각하고 그 대상이 사실이나 논리가 아니라 사토리, 즉 오도라는 사실을 기억하라. 무의식적으로 이런 식으로 사고하게 되거나 일상생활에서 쉽게 이러한 사고를 할 수 있다면 명상의 인식 범위가 다양해지고 넓어질 것이다.

선불교 사상을 이용한 또 다른 방법으로 때때로 하던 일을 멈추고 무슨 일이 일어나든 내버려둔 채 아무것도 하지 않는 것이 있다. 종종 이런 순간에 그동안 알아차리지 못했던 일, 생각, 감정에 관심을 두게 된다. 꽃 그리고 새가 지저귀는 소리, 푸른 하늘과 구름, 소리와 정적, 머물고 움직이는 공기, 중요한 것과 하찮은 것은 인생의 가장 감동적인 순간에 속할 수 있다.

216